GALAXY S25 ULTRA VEREINFACHT

EIN VOLLSTANDIGES BENUTZERHANDBUCH ZUM
NAVIGIEREN DURCH FUNKTIONEN, EINSTELLUNGEN UND
FEHLERBEHEBUNG WIE EIN PROFI. VOM SETUP BIS ZU
ERWEITERTEN TIPPS.

AVERY TECH

Urheberrechtshinweis

TABLE OF CONTENTS

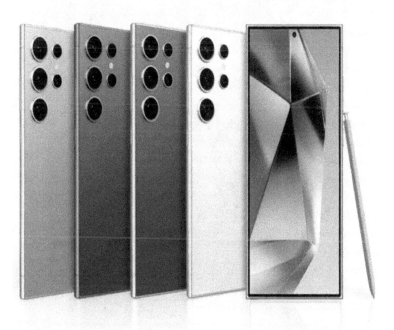

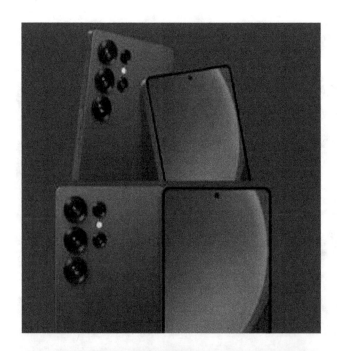

ZUSAMMENFASSUNG DER TECHNISCHEN DATEN DES SAMSUNG GALAXY S25 ULTRA

Das Samsung Galaxy S25 Ultra ist ein Flaggschiff-Smartphone, das modernste Technologie mit elegantem Design kombiniert und Benutzern ein erstklassiges mobiles Erlebnis bietet. Hier finden Sie einen kurzen Überblick über die wichtigsten technischen Spezifikationen:

Anzeige:

- 6,8 Zoll dynamisches LTPO AMOLED 2X
- 1440 x 3120 Auflösung (505 ppi)
- Bildwiederholfrequenz 120 Hz
- HDR10+-Unterstützung
- Spitzenhelligkeit bis zu 2600 Nits

Prozessor:

- Qualcomm Snapdragon 8 Gen 3 (4 nm)
- Octa-Core-CPU-Konfiguration
- Adreno 750 GPU

Speicher- und Speicheroptionen:

- 12 GB RAM

- Speichervarianten: 256 GB, 512 GB, 1 TB

- Kein microSD-Kartensteckplatz für erweiterbaren Speicher

Kamerasystem:

- *Rückfahrkameras:*

  - 200-MP-Hauptsensor (f/1,7, 24 mm, OIS)

  - 10-MP-Teleobjektiv (f/2,4, 3-fach optischer Zoom, OIS)

  - 50 MP Periskop-Teleobjektiv (f/3,4, 5-fach optischer Zoom, OIS)

  - 12-MP-Ultraweitwinkelobjektiv (f/2,2, 120° Sichtfeld)

- *Frontkamera:*

  - 12-MP-Sensor (f/2,2, 26 mm)

Akku und Aufladung:

- Nicht entfernbarer 5000-mAh-Akku

- 45 W kabelgebundenes Laden (PD3.0)

- 15 W kabelloses Laden (Qi/PMA)

- 4,5 W umgekehrtes kabelloses Laden

Bau und Design:

- Abmessungen: 162,3 x 79 x 8,6 mm

- Gewicht: ca. 232 g

- Materialien: Vorder- und Rückseite aus Gorilla-Glas, Rahmen aus Titan

- IP68 Staub- und Wasserbeständigkeit

- Integrierter S Pen mit Bluetooth-Unterstützung

Betriebssystem:

- Android 14

- Samsungs One UI 6.1.1

Konnektivität:

- 5G-Unterstützung

- WLAN 802.11 a/b/g/n/ac/6e/7

- Bluetooth 5.3

- NFC

- USB Typ-C 3.2

- Unterstützung für Ultra Wideband (UWB).

Zusätzliche Funktionen:

- Ultraschall-Fingerabdrucksensor unter dem Display

- Von AKG abgestimmte Stereolautsprecher

- Keine 3,5-mm-Kopfhörerbuchse

- Erhältlich in mehreren Farboptionen, darunter Titanschwarz, Grau, Violett, Gelb, Blau, Grün und Orange

Das Galaxy S25 Ultra zeichnet sich durch seine fortschrittlichen Kamerafunktionen, seine robuste Leistung und ein lebendiges Display aus und ist damit die erste Wahl für Benutzer, die ein High-End-Smartphone-Erlebnis suchen.

EINFÜHRUNG

Willkommen auf Ihrer Reise mit dem Galaxy S25 Ultra – einem Smartphone, das nicht nur die Grenzen der Technologie verschiebt, sondern auch die Art und Weise neu definiert, wie wir uns jeden Tag vernetzen, kreieren und erkunden. Egal, ob Sie ein erfahrener Technik-Enthusiast oder Neuling in der Welt der Premium-Smartphones sind, dieser Leitfaden soll Ihnen bei jedem Schritt Ihr vertrauenswürdiger Begleiter sein.

Für wen dieser Leitfaden gedacht ist

Dieses Handbuch richtet sich an alle, die das volle Potenzial des Galaxy S25 Ultra ausschöpfen möchten. Wenn Sie Ihr Gerät gerade zum ersten Mal auspacken oder tief in die erweiterten Funktionen eintauchen möchten, ist dieses Buch genau das Richtige für Sie. Wir haben es sowohl für alltägliche Benutzer entwickelt, die klare Anweisungen und praktische Ratschläge schätzen, als auch für technisch versierte Profis, die erweiterte Tipps und Strategien zur Fehlerbehebung suchen.

Was ist neu im Galaxy S25 Ultra?

Das Galaxy S25 Ultra ist nicht nur ein weiteres Upgrade – es ist eine Revolution in Design und Leistung. Mit bahnbrechenden Innovationen wie einer ultrahochauflösenden Kamera, einem verbesserten Batteriemanagement, einer intuitiveren Benutzeroberfläche und leistungsstarken Konnektivitätsfunktionen setzt dieses Gerät einen neuen Standard für die Leistungsfähigkeit eines Smartphones. Erwarten Sie Verbesserungen, die alltägliche Aufgaben einfacher und kreative Unternehmungen spannender machen und gleichzeitig ein reibungsloses, benutzerfreundliches Erlebnis bieten.

SO VERWENDEN SIE DIESES HANDBUCH

Dieses Handbuch ist so strukturiert, dass Sie auf natürliche Weise von den Grundlagen zu den fortgeschritteneren Aspekten Ihres neuen Geräts gelangen. Wir beginnen mit allem, was Sie für das erste Auspacken und Einrichten benötigen, und erkunden dann nach und nach die anspruchsvollen Funktionen wie den S Pen, Kameraeinstellungen und personalisierte Anpassungsoptionen. Jedes Kapitel ist vollgepackt mit Schritt-für-Schritt-Anleitungen, Tipps und Ratschlägen zur

Fehlerbehebung, sodass Sie jederzeit leicht auf ein Thema zurückgreifen können, wenn Sie Hilfe oder Inspiration benötigen. Betrachten Sie es als eine Roadmap zur Beherrschung Ihres Galaxy S25 Ultra – entworfen, um Ihr Erlebnis so nahtlos und angenehm wie möglich zu gestalten.

Tauchen Sie ein, erkunden Sie und genießen Sie vor allem jeden Moment mit Ihrem Galaxy S25 Ultra!

KAPITEL EINS

AUSPACKEN UND ERSTEINRICHTUNG

Willkommen zum aufregenden Start Ihrer Reise mit dem Galaxy S25 Ultra! In diesem Kapitel gehen wir jeden Schritt Ihrer ersten Begegnung mit diesem innovativen Gerät durch – vom Moment des Öffnens der Verpackung bis zur Übertragung Ihrer wertvollen Erinnerungen von Ihrem alten Telefon. Lassen Sie uns eintauchen und Ihre Einrichtung so reibungslos und angenehm wie möglich gestalten.

Was ist in der Box?

Wenn Sie die Verpackung des Galaxy S25 Ultra öffnen, werden Sie mit einem eleganten Design und einer durchdachten Organisation begrüßt. Im Inneren finden Sie normalerweise:

- **Ihr Galaxy S25 Ultra:** Sicher eingebettet in einem speziell geformten Schlitz, der es während des Transports schützt.

- **Ladezubehör:** Ein Schnellladegerät und ein USB-C-Kabel sorgen für eine schnelle Stromversorgung.

- **Dokumentation:**   Kurzanleitungen, Garantieinformationen und Sicherheitshinweise helfen Ihnen, sich mit Ihrem neuen Gerät vertraut zu machen.

- **Zusätzliches Zubehör:** Abhängig von Ihrer Region und Ihrem Paket finden Sie möglicherweise auch zusätzliche Artikel wie Ohrhörer oder ein Werkzeug zum Auswerfen der SIM-Karte.

Nehmen Sie sich einen Moment Zeit, um die Sorgfalt und Liebe zum Detail zu bewundern. Bei diesem Auspackerlebnis geht es nicht nur darum, ein neues Gerät zu enthüllen – es ist der erste Schritt in eine Welt modernster Technologie, die Ihren Alltag vereinfachen und bereichern soll.

LADEN UND EINSCHALTEN

Bevor Sie die fantastischen Funktionen des Galaxy S25 Ultra erkunden können, müssen Sie ihm etwas Leben einhauchen. So fangen Sie an:

1. **Laden Sie Ihr Gerät auf:**

   o **Warum es wichtig ist:** Ein vollständig aufgeladenes Gerät stellt sicher, dass Sie genug Energie für die Ersteinrichtung und alle bevorstehenden aufregenden Funktionen haben.

   o **So geht's:** Stecken Sie das mitgelieferte USB-C-Kabel in das Ladegerät und verbinden Sie es mit Ihrem Telefon. Es sollte ein Akkusymbol oder ein Begrüßungsbildschirm erscheinen, der bestätigt, dass Ihr Gerät aufgeladen wird.

2. **Einschalten:**

   o Wenn Sie sicher sind, dass Ihr Telefon über genügend Saft verfügt, halten Sie die Ein-/Aus-Taste gedrückt, bis Sie das Samsung-Logo sehen. Dies ist der Beginn Ihrer Reise mit dem Galaxy S25 Ultra.

Dieser einfache Vorgang bereitet Ihr Gerät nicht nur auf die Verwendung vor, sondern gibt Ihnen auch die Möglichkeit, die Qualität und Reaktionsfähigkeit Ihres neuen Smartphones zu spüren.

ERSTEINRICHTUNG: SPRACHE, WLAN UND KONTEN

Nach dem Einschalten werden Sie durch den Ersteinrichtungsprozess geführt. Dieser Schritt ist entscheidend für die Personalisierung Ihres Geräts und seine Anbindung an die digitale Welt. Folgendes erwartet Sie:

1. **Sprachauswahl:**

- o Wählen Sie Ihre bevorzugte Sprache aus der bereitgestellten Liste. Diese Einstellung bildet die Grundlage für Ihre Interaktion mit dem Gerät. Nehmen Sie sich also einen Moment Zeit, um die Einstellung auszuwählen, mit der Sie sich am wohlsten fühlen.

2. **Verbindung mit WLAN herstellen:**

   - o **Warum es wichtig ist:** Eine stabile Internetverbindung ist für das Herunterladen von Updates, die Synchronisierung Ihrer Daten und den Zugriff auf Online-Dienste unerlässlich.

   - o **So verbinden Sie sich:** Wählen Sie Ihr WLAN-Netzwerk aus der verfügbaren Liste aus, geben Sie das Passwort ein und bestätigen Sie die Verbindung. Der Einrichtungsassistent testet die Verbindung, um sicherzustellen, dass alles reibungslos funktioniert.

3. **Anmelden bei Ihren Konten:**

   - o **Google- und Samsung-Konten:** Um die Vorteile des Galaxy S25 Ultra in vollem

Umfang nutzen zu können, müssen Sie sich bei Ihren Google- und Samsung-Konten anmelden. Mit diesem Schritt erhalten Sie Zugriff auf den Google Play Store, das Samsung-App-Ökosystem, Cloud-Backups und mehr.

o **Anpassung und Sicherheit:** Bei der Anmeldung werden Sie möglicherweise auch aufgefordert, Sicherheitsfunktionen wie Fingerabdruckerkennung oder Gesichtserkennung einzurichten. Diese Funktionen sollen Ihre Daten schützen und sicherstellen, dass nur Sie Zugriff auf Ihr Gerät haben.

Wenn Sie diese Schritte befolgen, stellen Sie sicher, dass Ihr Galaxy S25 Ultra personalisiert und für Ihre täglichen Aufgaben bereit ist. Der Vorgang ist intuitiv und benutzerfreundlich gestaltet, sodass Sie sich auf die Erkundung des Geräts konzentrieren können, anstatt sich in technischen Details zu verlieren.

ÜBERTRAGEN VON DATEN VON EINEM ALTEN GERÄT

Einer der aufregendsten Aspekte bei der Anschaffung eines neuen Telefons ist es, Ihre Lieblings-Apps, Fotos, Kontakte und Einstellungen mitzunehmen. Das Galaxy S25 Ultra bietet mehrere Methoden für eine nahtlose Datenübertragung:

1. **Intelligenter Schalter:**

   o **Was es tut:** Der Smart Switch von Samsung ist ein leistungsstarkes Tool, mit dem Sie mühelos Daten von Ihrem alten Telefon auf Ihr neues Galaxy S25 Ultra übertragen können.

   o **So verwenden Sie es:** Installieren Sie die Smart Switch-App sowohl auf Ihrem alten Gerät als auch auf Ihrem neuen Telefon. Befolgen Sie die Anweisungen auf dem Bildschirm, um die Geräte zu verbinden – entweder drahtlos oder über ein Kabel – und wählen Sie die Daten aus, die Sie übertragen möchten. Die App führt Sie durch jeden Schritt und stellt sicher, dass Ihre Kontakte,

Fotos, Apps und mehr auf Ihrem Galaxy S25 Ultra ihr neues Zuhause finden.

2. **Cloud-Backups:**

   o   Wenn Sie Ihre Daten zuvor in einem Cloud-Dienst (wie Google Drive oder Samsung Cloud) gesichert haben, können Sie diese Sicherungen bei der Ersteinrichtung wiederherstellen. Diese Methode stellt sicher, dass Ihre Daten auch bei häufigem Gerätewechsel bei Ihnen bleiben.

3. **Manuelle Übertragung:**

   o   Für diejenigen, die einen praktischen Ansatz bevorzugen, können Sie Dateien auch manuell über einen Computer oder einen externen Speicher verschieben. Diese Methode kann zwar etwas länger dauern, gibt Ihnen aber die vollständige Kontrolle darüber, welche Daten übertragen werden.

Durch die Übertragung Ihrer Daten richten Sie nicht nur ein neues Gerät ein, sondern führen Ihr digitales Leben weiter. Dieser Schritt stellt sicher, dass sich Ihr neues Galaxy S25 Ultra vom ersten Moment an vertraut anfühlt und alle wichtigen Informationen sofort verfügbar sind.

Wenn Sie sich die Zeit nehmen, Ihr Galaxy S25 Ultra richtig auszupacken und einzurichten, ist dies eine Investition in Ihre zukünftige Erfahrung mit dem Gerät. In diesem Kapitel finden Sie eine umfassende Schritt-für-Schritt-Anleitung, um sicherzustellen, dass Ihre ersten Interaktionen reibungslos und stressfrei verlaufen. Denken Sie im weiteren Verlauf daran, dass jede Funktion und Einstellung darauf ausgelegt ist, Ihr Leben einfacher, vernetzter und viel unterhaltsamer zu machen.

Nachdem Ihr Galaxy S25 Ultra nun betriebsbereit ist, können Sie in den kommenden Kapiteln die umfangreiche Benutzeroberfläche und die innovativen Funktionen erkunden. Willkommen in der Zukunft der intelligenten Technologie – willkommen bei Ihrem neuen digitalen Begleiter!

KAPITEL ZWEI

DIE BENUTZEROBERFLÄCHE VERSTEHEN

Willkommen zu Kapitel 2! Nachdem Ihr Galaxy S25 Ultra nun eingerichtet und betriebsbereit ist, ist es an der Zeit, sich mit seinem Herz und seiner Seele vertraut zu machen – der Benutzeroberfläche. In diesem Kapitel werfen wir einen genaueren Blick auf Samsungs neueste Version von One UI und erkunden die verschiedenen verfügbaren Navigationsoptionen, damit Sie die Methode finden, die am besten zu Ihnen passt.

Erkundung einer Benutzeroberfläche (Samsungs neueste Version)

Eine Benutzeroberfläche ist viel mehr als nur ein attraktives Design. Es handelt sich um ein durchdacht gestaltetes Erlebnis, bei dem Benutzerfreundlichkeit und Personalisierung im Vordergrund stehen. Samsung hat One UI entwickelt, um Ihre Interaktionen zu vereinfachen und dafür zu sorgen, dass sich jede Aufgabe natürlich anfühlt. Hier einige Highlights:

- **Intuitives Layout:** Eine Benutzeroberfläche verfügt über ein klares, organisiertes Layout mit größeren Symbolen und großen Abständen. Das bedeutet, dass Sie Ihre Lieblings-Apps und -Einstellungen ganz einfach finden können, ohne sich überfordert zu fühlen.

- **Personalisierte Erfahrung:** Egal, ob Sie ein Fan des Dunkelmodus sind, dynamische Themen mögen oder Widgets gerne genau nach Ihren Wünschen anordnen, One UI passt sich Ihren Vorlieben und Ihrem Lebensstil an.

- **Verbesserte Zugänglichkeit:** Das Design ist für jedermann benutzerfreundlich. Mit Funktionen wie dem Hochkontrastmodus und anpassbaren Schriftgrößen sorgt One UI dafür, dass alle Benutzer ein komfortables Erlebnis haben.

- **Nahtlose Integration:** Eine Benutzeroberfläche arbeitet harmonisch mit dem Samsung-Ökosystem zusammen, sodass sich Ihr Gerät problemlos mit anderen Samsung-Diensten und -Produkten verbinden lässt und so ein reibungsloses, integriertes Erlebnis bietet.

Samsungs kontinuierliche Weiterentwicklung der One UI sorgt dafür, dass Ihr Galaxy S25 Ultra nicht nur modern und elegant aussieht, sondern auch intuitiv funktioniert, wodurch alltägliche Aufgaben einfacher und angenehmer werden.

NAVIGATIONSGESTEN VS. TASTENNAVIGATION

Samsung versteht, dass jeder Benutzer einzigartig ist. Aus diesem Grund bietet Ihr Galaxy S25 Ultra zwei primäre Navigationsmethoden: elegante Navigationsgesten und herkömmliche Tastennavigation. Jedes hat seine eigenen Vorteile, sodass Sie diejenige auswählen können, die am besten zu Ihrem Stil passt.

Navigationsgesten

- **Modern und immersiv:** Mit Gesten können Sie ein Vollbilderlebnis ohne Ablenkung durch sichtbare Tasten genießen. Dieses Design maximiert Ihre Anzeige und bietet Ihnen mehr Platz für Ihre Apps und Inhalte.

- **Flüssig und natürlich:** Das Wischen und Tippen ist intuitiv und sorgt für nahtlose Übergänge zwischen Apps und Menüs. Sobald Sie den Dreh raus haben, kann die Navigation mit Gesten sowohl schnell als auch angenehm sein.

- **Anpassbare Aktionen:** Sie können viele Gesten nach Ihren Wünschen anpassen. Ganz gleich, ob Sie nach oben wischen, um alle Ihre Apps anzuzeigen, oder bestimmte Bewegungen für Multitasking verwenden – Gesten bieten eine flexible Möglichkeit, mit Ihrem Gerät zu interagieren.

- **Eine kurze Lernkurve:** Obwohl es ein wenig dauern kann, diese Gesten zu beherrschen, stellen die meisten Benutzer schnell fest, dass sie ihr Gesamterlebnis verbessern, indem sie eine dynamischere Möglichkeit zur Steuerung ihres Telefons bieten.

Schaltflächennavigation

- **Vertraut und zuverlässig:** Für viele vermittelt die traditionelle Anordnung der festen Bildschirmtasten – Home, Zurück und aktuelle Apps – ein Gefühl von Komfort und Vertrautheit. Es ist eine bewährte Methode, die sich unkompliziert anfühlt.

- **Konsistenter Zugriff:** Mit der Tastennavigation haben Sie immer sichtbare, dedizierte Steuerelemente. Dies kann besonders praktisch sein, wenn Sie schnell und eindeutig zum Startbildschirm zurückkehren möchten.

- **Ideal für Barrierefreiheit:** Einige Benutzer bevorzugen die taktile Sicherheit von Tasten, insbesondere wenn sich Gesten weniger intuitiv anfühlen oder wenn Barrierefreiheitsanforderungen eine statischere Einrichtung erfordern.

WÄHLEN SIE IHREN NAVIGATIONSSTIL

Das Beste daran ist, dass der Wechsel zwischen diesen beiden Navigationsstilen einfach ist, sodass Sie experimentieren und sich für die Methode entscheiden können, die sich für Sie am natürlichsten anfühlt. Ganz gleich, ob Sie sich für die modernen, fließenden Gesten oder die zuverlässige Zuverlässigkeit der Tasten entscheiden, Ihr Galaxy S25 Ultra ist darauf ausgelegt, ein benutzerfreundliches Erlebnis zu bieten, das auf Ihre persönlichen Gewohnheiten zugeschnitten ist.

ANPASSUNG DES STARTBILDSCHIRMS

Ihr Startbildschirm ist Ihr persönliches Launchpad – ein Bereich, der ganz Ihnen gehört. Mit dem Galaxy S25 Ultra haben Sie die Freiheit, es ganz nach Ihren Wünschen zu gestalten. So machen Sie es einzigartig:

- **Persönliche Note mit Hintergrundbildern und Themen:** Legen Sie zunächst ein Hintergrundbild fest, das Sie anspricht. Ob es sich um eine atemberaubende Landschaft, abstrakte Kunst oder den Schnappschuss einer geschätzten Erinnerung handelt, Ihr Hintergrund gibt den Ton an. Sie können auch Themen erkunden, die Symbole, Farben und sogar die Gesamtstimmung Ihres Geräts ändern.

- **Widgets: Ihre Mini-Apps auf dem Display:** Mit Widgets haben Sie Ihre Lieblingsinformationen immer zur Hand. Von Wetteraktualisierungen und Kalenderereignissen bis hin zum schnellen Zugriff auf Ihren Musikplayer – Widgets sind so konzipiert, dass Sie auf dem Laufenden bleiben, ohne dass Sie eine App öffnen müssen. Ordnen Sie sie auf Ihrem Startbildschirm so an, dass Ihre am häufigsten verwendeten Informationen immer im Blick sind.

- **Mit Ordnern organisieren:** Lassen Sie sich nicht von einem überfüllten Bildschirm ausbremsen. Gruppieren Sie ähnliche Apps in Ordnern, um alles organisiert zu halten. Sie könnten beispielsweise einen Ordner für Social-Media-Apps, einen weiteren für Produktivitätstools und einen weiteren für Unterhaltung erstellen. Dies sorgt nicht nur für mehr Übersichtlichkeit, sondern beschleunigt auch die Navigation.

- **Passen Sie das Layout an:** Die One UI von Samsung bietet flexible Rastergrößen, sodass Sie die

Anzahl der App-Symbole und Widgets auf Ihrem Bildschirm anpassen können. Spielen Sie mit dem Layout herum, bis es sich genau richtig anfühlt – egal, ob Sie einen minimalistischen Look oder eine dynamische, informationsreiche Anzeige bevorzugen.

- **Experimentieren und weiterentwickeln:** Ihr Startbildschirm ist nicht in Stein gemeißelt. Wenn sich Ihre Gewohnheiten und Bedürfnisse ändern, können Sie gerne mit neuen Arrangements experimentieren, entfernen, was nicht mehr funktioniert, und neue Elemente hinzufügen, die Ihr Erlebnis verbessern. Das Galaxy S25 Ultra ist so konzipiert, dass es sich an Sie anpasst.

Indem Sie Ihren Startbildschirm anpassen, sorgen Sie nicht nur dafür, dass Ihr Gerät großartig aussieht, sondern Sie schaffen auch einen Arbeitsablauf, der ebenso effizient wie persönlich ist. Es geht darum, eine Umgebung zu schaffen, die sich intuitiv anfühlt und wirklich zu Ihnen gehört.

SCHNELLEINSTELLUNGEN UND BENACHRICHTIGUNGEN

In der heutigen schnelllebigen Welt ist der schnelle Zugriff auf wichtige Einstellungen und zeitnahe

Benachrichtigungen der Schlüssel, um verbunden und produktiv zu bleiben. Schauen wir uns an, wie die Schnelleinstellungen und Benachrichtigungsfelder des Galaxy S25 Ultra funktionieren, damit Sie die Kontrolle behalten:

- **Zugriff auf die Schnelleinstellungen:** Mit einem einfachen Wischen vom oberen Bildschirmrand öffnen Sie das Bedienfeld „Schnelleinstellungen" – ein anpassbares Menü, das Ihnen wichtige Schalter zur Verfügung stellt. Hier können Sie WLAN einschalten, die Bildschirmhelligkeit anpassen, den Energiesparmodus aktivieren und vieles mehr. Es geht darum, die Anzahl der Schritte zu reduzieren, die erforderlich sind, um Dinge zu erledigen.

- **Anpassen der Schnelleinstellungen:** Nicht alle Einstellungen sind für jeden Benutzer gleich. Mit dem Galaxy S25 Ultra können Sie diese Verknüpfungen neu anordnen und personalisieren. Tippen Sie auf das Bearbeitungssymbol (normalerweise ein Bleistift oder ein ähnliches Symbol) und ziehen Sie Ihre am häufigsten verwendeten Einstellungen nach oben. Entfernen Sie diejenigen, die Sie selten benötigen, und fügen Sie zusätzliche Verknüpfungen hinzu, die Ihre tägliche Routine verbessern würden.

- **Benachrichtigungen: Ihre personalisierten Benachrichtigungen:** Benachrichtigungen halten Sie auf dem Laufenden, ohne ständige Aufmerksamkeit zu erfordern. Ganz gleich, ob es sich um eine wichtige E-Mail, eine Kalendererinnerung oder ein Social-Media-Update handelt: Benachrichtigungen werden in einem speziellen Bereich angezeigt, wenn Sie vom oberen Bildschirmrand nach unten wischen. Sie sind prägnant gestaltet und bieten gerade genug Informationen, damit Sie entscheiden können, ob Sie sofort handeln oder sich später darum kümmern möchten.

- **Verwalten Ihrer Benachrichtigungen:** Zu viele Benachrichtigungen können überwältigend sein. Glücklicherweise bietet Ihnen das Galaxy S25 Ultra Tools, um diese zu verwalten. Sie können Prioritäten für verschiedene Apps festlegen, ähnliche Benachrichtigungen gruppieren und sogar nicht dringende Benachrichtigungen deaktivieren. Auf diese Weise bleibt Ihr Gerät informativ, ohne abzulenken.

- **Interaktive und kontextbezogene Steuerelemente:** Einige Benachrichtigungen verfügen über interaktive Optionen. Sie können beispielsweise direkt auf eine Nachricht reagieren oder die Medienwiedergabe direkt über die Benachrichtigungsleiste steuern. Diese Funktionen stellen sicher, dass Sie schnell und effizient handeln können, ohne die vollständige App öffnen zu müssen.

Wenn Sie die Schnelleinstellungen und Benachrichtigungen beherrschen, werden Sie feststellen, dass alltägliche Aufgaben reibungsloser und intuitiver ablaufen. Ganz gleich, ob Sie schnell in den Flugmodus wechseln, bevor Sie an Bord eines Fluges gehen, oder Ihren Zeitplan auf einen Blick verfolgen – mit diesen Tools geht es darum, Ihre Kontrolle und Effizienz zu verbessern.

Das Verständnis und die Personalisierung der Benutzeroberfläche Ihres Galaxy S25 Ultra ist mehr als nur eine technische Übung – es geht darum, einen digitalen Raum zu schaffen, der zu Ihnen passt. Von dem Moment an, in dem Sie Ihren Startbildschirm einrichten, bis hin zur Art und Weise, wie Sie Ihre Schnelleinstellungen und Benachrichtigungen verwalten, verbessert jede

Entscheidung, die Sie treffen, Ihr Gesamterlebnis. Genießen Sie die Flexibilität, erkunden Sie die Anpassungsmöglichkeiten und schon bald wird sich Ihr Gerät nicht nur hochtechnologisch, sondern auch wirklich persönlich anfühlen.

Da Sie nun mit diesen wesentlichen Elementen vertraut sind, sind Sie der Ausschöpfung des vollen Potenzials Ihres Galaxy S25 Ultra einen Schritt näher gekommen. Genießen Sie die Reise, dieses leistungsstarke Tool zu Ihrem einzigartigen Werkzeug zu machen!

KAPITEL DREI

ANRUFE, NACHRICHTEN UND KONTAKTE MEISTERN

Effektive Kommunikation steht im Mittelpunkt Ihrer täglichen Interaktionen, und mit dem Galaxy S25 Ultra war es noch nie einfacher und effizienter, in Verbindung zu bleiben. In diesem Kapitel erfahren Sie, wie Sie Anrufe tätigen und entgegennehmen, Ihre Kontakte mühelos verwalten und erweiterte Messaging-Funktionen nutzen. Ganz gleich, ob Sie einen kurzen Anruf tätigen oder ein ausführliches Multimedia-Gespräch führen – mit diesen Tools bleiben Sie einfach und stilvoll in Verbindung.

ANRUFE TÄTIGEN UND ENTGEGENNEHMEN

Ihr Galaxy S25 Ultra ist mit einem robusten Anrufsystem ausgestattet, das jeden Anruf in ein nahtloses Erlebnis verwandelt. So nutzen Sie die Anruffunktionen optimal:

- **Einfaches Telefonieren:**
    - o **Wählen leicht gemacht:** Öffnen Sie die Telefon-App, um auf die Wähltastatur zuzugreifen. Tippen Sie einfach auf die Nummern oder wählen Sie einen Kontakt aus

Ihrer Liste aus, und Sie sind nur einen Fingertipp von einem Gespräch entfernt.

o **Integration von Sprachbefehlen:** Um die Freisprechfunktion zu nutzen, können Sie Sprachbefehle verwenden, indem Sie Bixby oder Ihren bevorzugten Sprachassistenten aktivieren. Sagen Sie einfach „[Kontaktname] anrufen" und das Gerät erledigt den Rest.

- **Reibungsloses Empfangen von Anrufen:**

    o **Anruferinformationen löschen:** Wenn ein Anruf eingeht, sehen Sie den Namen, das Foto des Anrufers oder sogar seinen Standort, wenn Sie dies eingerichtet haben. Dies hilft Ihnen bei der Entscheidung, ob Sie den Anruf annehmen oder an die Voicemail weiterleiten möchten.

    o **Optionen während des Anrufs verwalten:** Sobald die Verbindung hergestellt ist, stehen Ihnen eine Reihe von Anruffunktionen zur Verfügung – Stummschaltung, Freisprechen, Halten und sogar Anrufaufzeichnung (sofern unterstützt und zulässig). Diese Optionen stellen sicher, dass Ihre Anrufe nicht nur klar verständlich sind, sondern auch auf Ihre spezifischen Bedürfnisse zugeschnitten sind.

- **Die Kontrolle behalten:**

  o **Anrufliste und Voicemail:** Greifen Sie ganz einfach auf Ihre Anrufliste zu, um verpasste Nummern erneut zu wählen oder die letzten Anrufe zu überprüfen. Integrierte Voicemail-Dienste stellen sicher, dass Sie keine wichtigen Nachrichten verpassen.

Durch die Optimierung des Tätigens und Empfangens von Anrufen sorgt das Galaxy S25 Ultra dafür, dass jedes Gespräch reibungslos verläuft, egal ob Sie sich mit Freunden treffen oder wichtige geschäftliche Angelegenheiten erledigen.

KONTAKTE EFFIZIENT VERWALTEN

Eine gut organisierte Kontaktliste ist für eine effiziente Kommunikation unerlässlich. Ihr Galaxy S25 Ultra bietet zahlreiche Funktionen, die Ihnen dabei helfen, Ihre Kontakte übersichtlich und zugänglich zu halten:

- **Kontakte hinzufügen und bearbeiten:**

  - **Schnelleingabe:** Fügen Sie neue Kontakte ganz einfach direkt über einen Anruf, eine Nachricht oder über die spezielle Kontakte-App hinzu Aktualisieren Sie Details wie Telefonnummern, E-Mail-Adressen und sogar Fotos, um jedem Kontakt eine persönliche Note zu verleihen.

  - **Intelligente Integration:** Das Gerät synchronisiert sich nahtlos mit Ihrem Google- oder Samsung-Konto und stellt so sicher, dass Ihre Kontakte immer gesichert und auf allen Ihren Geräten verfügbar sind.

- **Kontakte organisieren:**

  - **Gruppen und Favoriten:** Erstellen Sie Gruppen (wie Familie, Freunde oder Arbeit), um bei Anrufen und Nachrichten schneller darauf zugreifen zu können. Markieren Sie häufig kontaktierte Personen als Favoriten für die Sofortwahl.

o **Duplikate zusammenführen:** Im Laufe der Zeit können sich doppelte Einträge ansammeln. Das Galaxy S25 Ultra kann doppelte Kontakte automatisch erkennen und zusammenführen, sodass Ihre Liste übersichtlich bleibt.

- **Erweiterte Verwaltungstools:**

  o **Suchen und Filtern:** Finden Sie schnell einen Kontakt mit der integrierten Suchfunktion. Filtern Sie Ihre Liste nach Gruppen oder Labels, um in Sekundenschnelle genau das zu finden, was Sie brauchen.

  o **Sicheres Teilen:** Teilen Sie Kontaktinformationen ganz einfach über NFC, E-Mail oder Messaging-Apps, ohne die Sicherheit zu beeinträchtigen.

Indem Sie Ihre Kontakte gut organisiert halten, schaffen Sie eine effizientere und stressfreiere

Kommunikationsumgebung und machen es einfacher, die Menschen zu erreichen, die Ihnen am wichtigsten sind.

ERWEITERTE MESSAGING-FUNKTIONEN

Nachrichten auf dem Galaxy S25 Ultra gehen über einfachen Text hinaus – es geht um reichhaltige, interaktive und intelligente Kommunikation, die sich an Ihren Lebensstil anpasst:

- **Verbessertes Messaging-Erlebnis:**

  - **Rich Communication Services (RCS):** Genießen Sie ein Messaging-Erlebnis, das hochauflösende Fotos, Videos und sogar Gruppenchats mit Live-Standortfreigabe unterstützt. RCS erweckt Ihre Texte zum Leben und ermöglicht so spannendere Gespräche.

  - **Intelligente Antworten:** Profitieren Sie von kontextbezogenen Vorschlägen, mit denen Sie schnell antworten können, ohne lange Antworten eintippen zu müssen. Diese Funktion nutzt KI, um maßgeschneiderte Antwortoptionen basierend auf der Konversation anzubieten.

- **Interaktive und multimediale Nachrichtenübermittlung:**

- o **Sprach- und Videonachrichten:** Manchmal reichen Worte nicht aus. Nehmen Sie Sprachnachrichten auf und senden Sie sie oder starten Sie einen kurzen Videoanruf direkt über die Messaging-Oberfläche.

- o **Multimedia-Integration:** Teilen Sie ganz einfach Dokumente, Bilder und sogar Ihre Lieblings-GIFs. Die Benutzeroberfläche erleichtert das Wechseln zwischen Text-, Sprach- und Multimedia-Nachrichten, ohne einen Takt zu verpassen.

- **Anpassung und Datenschutz:**

  - o **Nachrichtenorganisation:** Archivieren, pinnen oder schalten Sie Konversationen stumm, um das Wichtigste zu priorisieren. Dadurch bleibt Ihre Messaging-App übersichtlich und konzentriert sich auf Ihre aktuellen Bedürfnisse.

  - o **Sicherheit und Verschlüsselung:** Erweiterte Sicherheitsfunktionen sorgen dafür, dass Ihre Nachrichten privat und geschützt bleiben, sodass Sie bei jedem Gespräch beruhigt sein können.

Mit diesen erweiterten Messaging-Funktionen verändert Ihr Galaxy S25 Ultra die Art und Weise Ihrer Kommunikation und macht jede Nachricht ansprechender, effizienter und sicherer.

Beim Beherrschen von Anrufen, Nachrichten und Kontakten auf Ihrem Galaxy S25 Ultra geht es um mehr als nur Funktionalität – es geht darum, ein nahtloses Kommunikationserlebnis zu schaffen, das auf Ihren Lebensstil zugeschnitten ist. Indem Sie mühelos Anrufe tätigen und entgegennehmen, Ihre Kontakte präzise verwalten und erweiterte Messaging-Funktionen nutzen, sind Sie bestens gerüstet, um auf intelligente und persönliche Weise in Verbindung zu bleiben.

Nutzen Sie diese Tools, experimentieren Sie mit den Funktionen und schon bald werden Sie feststellen, dass Ihr Galaxy S25 Ultra nicht nur ein Telefon ist, sondern ein unverzichtbarer Partner in Ihrer täglichen Kommunikation. Viel Spaß beim Verbinden!

KAPITEL VIER

INTERNET, KONNEKTIVITÄT UND INTELLIGENTE FUNKTIONEN

In unserer schnelllebigen digitalen Welt ist es mehr als nur eine Annehmlichkeit, in Verbindung zu bleiben – es ist unerlässlich. Ihr Galaxy S25 Ultra wurde entwickelt, um Sie online zu halten, Sie nahtlos mit anderen Geräten zu verbinden und Ihr Telefon sogar in ein Desktop-ähnliches Erlebnis zu verwandeln. In diesem Kapitel erfahren Sie, wie Sie mobile Daten und WLAN einrichten, die Leistung von Bluetooth und NFC für müheloses Teilen nutzen und in die intelligente Welt von Samsung DeX und drahtloser Konnektivität eintauchen. Lassen Sie uns miteinander in Kontakt treten und die Möglichkeiten erkunden!

EINRICHTEN MOBILER DATEN UND WLAN

Um überall online zu bleiben, benötigen Sie eine solide Internetverbindung. Egal, ob Sie pendeln, zu Hause oder unterwegs sind, Ihr Galaxy S25 Ultra stellt sicher, dass Sie immer verbunden sind.

- **Mobile Daten – Freiheit unterwegs:**

- o **Aktivierung leicht gemacht:** Rufen Sie zunächst Ihre Einstellungen auf und navigieren Sie zum Abschnitt „Verbindungen". Hier können Sie mobile Daten mit einem einzigen Tastendruck ein- oder ausschalten. Wenn Sie das Gerät noch nicht kennen, müssen Sie möglicherweise basierend auf der Unterstützung Ihres Mobilfunkanbieters Ihren bevorzugten Netzwerkmodus (z. B. 5G oder LTE) auswählen.

- o **Datennutzung verwalten:** Es geht nicht nur darum, online zu sein; Es geht darum, Ihre Daten sinnvoll zu nutzen. Legen Sie Datenlimits und Warnungen fest, um die Nutzung zu überwachen und sicherzustellen, dass Sie Ihren Plan nie überschreiten. Dies ist besonders nützlich für diejenigen, die remote arbeiten oder häufig reisen.

- **Wi-Fi – Ihr Hub zu Hause und im Büro:**

  - o **Einfacher Verbindungsprozess:** Um eine WLAN-Verbindung herzustellen, wischen Sie vom oberen Bildschirmrand nach unten, um auf das Schnelleinstellungsfeld zuzugreifen, und tippen Sie dann auf das WLAN-Symbol. Wählen Sie Ihr Netzwerk aus der Liste aus, geben Sie das Passwort ein, wenn Sie dazu aufgefordert werden, und schon sind Sie fertig.

o **Sicher bleiben:** Entscheiden Sie sich immer für sichere, passwortgeschützte Netzwerke. Ihr Gerät benachrichtigt Sie auch, wenn es ein ungesichertes Netzwerk erkennt, und hilft Ihnen so, Ihre Daten zu schützen.

o **Intelligente Konnektivität:** Mit erweiterten Funktionen kann das Galaxy S25 Ultra automatisch zwischen WLAN und mobilen Daten wechseln, um die bestmögliche Verbindung aufrechtzuerhalten. Das bedeutet, dass Sie ohne manuelle Eingriffe ununterbrochen streamen, surfen oder arbeiten können.

Indem Sie Ihre mobilen Daten und Ihr WLAN richtig einrichten, schaffen Sie eine solide Grundlage für alle anderen intelligenten Funktionen und stellen sicher, dass Sie immer verbunden sind, egal wohin das Leben Sie führt.

VERWENDUNG VON BLUETOOTH UND NFC

Sobald Sie online sind, wird die Verbindung mit Geräten in der Nähe und das Teilen von Inhalten zum nächsten spannenden Schritt. Das Galaxy S25 Ultra bietet vielseitige Optionen wie Bluetooth und NFC, jede mit ihren einzigartigen Vorteilen.

- **Bluetooth – Drahtlose Verbindung neu definiert:**
  - **Einfaches Koppeln:** Bluetooth eignet sich perfekt für die Verbindung Ihrer kabellosen Kopfhörer, Lautsprecher, Autosysteme oder sogar anderer intelligenter Geräte. Gehen Sie einfach zu Ihren Bluetooth-Einstellungen, schalten Sie es ein und lassen Sie Ihr Telefon nach Geräten in der Nähe suchen. Sobald Ihr Gerät in der Liste angezeigt wird, tippen Sie zum Koppeln darauf – so einfach ist das.
  - **Vielseitiges Teilen:** Über Audio hinaus kann Bluetooth zum Teilen von Dateien, Fotos oder sogar Apps zwischen Geräten verwendet werden. Dank dieser nahtlosen Konnektivität können Sie Informationen schnell übertragen, ohne dass Kabel erforderlich sind.

- o **Energieeffizienz:** Die moderne Bluetooth-Technologie ist darauf ausgelegt, weniger Strom zu verbrauchen, sodass Sie eine längere Akkulaufzeit genießen und gleichzeitig mit Ihren bevorzugten Peripheriegeräten in Verbindung bleiben können.

- **NFC (Near Field Communication) – Tippen und verbinden:**

  - o **Sofortige Interaktionen:** NFC hebt die Konnektivität auf ein neues Niveau, indem es Ihrem Telefon ermöglicht, mit nur einem Fingertipp mit anderen NFC-fähigen Geräten oder Zahlungsterminals zu kommunizieren. Egal, ob Sie einen Kontakt teilen, Lebensmittel bezahlen oder eine Verbindung zu einem kompatiblen Lautsprecher herstellen, NFC macht diese Transaktionen schnell und sicher.

  - o **Vereinfachte Einrichtung:** Die Aktivierung von NFC ist so einfach wie ein Wischen durch Ihre Einstellungen. Nach der Aktivierung werden Sie feststellen, dass die

Übermittlung von Informationen oder die Durchführung von Zahlungen praktisch augenblicklich erfolgt, sodass die Reibung bei alltäglichen Transaktionen entfällt.

o **Sicher durch Design:** NFC-Transaktionen sind äußerst sicher und eignen sich daher ideal für sensible Aktionen wie mobiles Bezahlen oder den Zugriff auf sichere Bereiche mit digitalen Schlüsseln.

Durch die Verwendung von Bluetooth und NFC wird sichergestellt, dass Ihr Galaxy S25 Ultra nicht isoliert existiert – es wird zu einem zentralen Knotenpunkt in einem Netzwerk von Geräten, wobei jede Interaktion Ihr digitales Erlebnis verbessert.

SAMSUNG DEX UND DRAHTLOSE KONNEKTIVITÄT

Stellen Sie sich vor, Sie verwandeln Ihr Smartphone ohne lästige Kabel in einen Desktop-Computer. Mit Samsung DeX und drahtlosen Konnektivitätsfunktionen eröffnet Ihr Galaxy S25 Ultra eine Welt voller Produktivität und Flexibilität.

- **Samsung DeX – Desktop-Erlebnis für unterwegs:**
  - o **Was ist DeX?** Samsung DeX ist ein leistungsstarkes Tool, mit dem Sie Ihr Telefon an einen größeren Bildschirm anschließen können – sei es ein Monitor, ein Fernseher oder sogar ein kompatibler Laptop – und so Ihr Mobilgerät in eine voll funktionsfähige Desktop-Workstation verwandelt.

  - o **Erste Schritte:** Das Einrichten von DeX ist intuitiv. Sie können eine Verbindung über ein Kabel herstellen oder sich sogar für Wireless DeX entscheiden, mit dem Sie den Bildschirm Ihres Telefons ohne ein einziges Kabel auf Ihrem Fernseher oder Monitor spiegeln können. Sobald die Verbindung hergestellt ist, sehen Sie eine vertraute

Desktop-Oberfläche mit anpassbaren Fenstern, einer Taskleiste und Tastaturunterstützung.

o **Produktivität steigern:** Mit DeX können Sie mehrere Apps nebeneinander ausführen, Dateien problemlos verwalten und sogar Dokumente mit einer vollständigen Tastatur und Maus bearbeiten. Ganz gleich, ob Sie eine Präsentation vorbereiten, Multitasking an mehreren Projekten betreiben oder einfach nur browsen – DeX verwandelt Ihren Arbeitsablauf in ein umfangreicheres und effizienteres Erlebnis.

• **Drahtlose Konnektivität – Freiheit von Kabeln:**

o **Bildschirmspiegelung und Casting:** Dank der drahtlosen Konnektivität können Sie den Bildschirm Ihres Telefons mühelos mit kompatiblen Smart-TVs und Displays teilen. Dies ist perfekt zum Streamen von Filmen, zum Präsentieren von Folien oder sogar zum Spielen auf einem größeren Bildschirm.

o **Nahtlose Integration:** Die kabellosen Funktionen des Galaxy S25 Ultra sind auf minimalen Einrichtungsaufwand und maximale Flexibilität ausgelegt. Unabhängig davon, ob Sie Miracast, Wi-Fi Direct oder andere drahtlose Protokolle verwenden, erfolgt die Verbindung mit externen Geräten reibungslos und schnell.

o **Verbesserte Mobilität:** Vorbei sind die Zeiten, in denen man an ein Kabel gebunden war. Mit der drahtlosen Konnektivität haben Sie die Freiheit, von überall in Ihrem Zuhause oder Büro aus zu arbeiten, zu spielen und Inhalte zu teilen, ohne auf Leistung zu verzichten.

Samsung DeX und die drahtlose Konnektivität erweitern nicht nur die Möglichkeiten Ihres Galaxy S25 Ultra, sondern ermöglichen Ihnen auch, Ihr Smartphone in ein vielseitiges Werkzeug zu verwandeln – sei es für Arbeit, Unterhaltung oder kreative Projekte.

Dank der robusten Konnektivität und den intelligenten Funktionen des Galaxy S25 Ultra war die Verbindung zur digitalen Welt noch nie so einfach. Von der Einrichtung Ihrer mobilen Daten und WLAN für eine zuverlässige Internetverbindung über die Verwendung von Bluetooth und

NFC für müheloses Teilen bis hin zur Nutzung von Samsung DeX und drahtloser Konnektivität für ein Desktop-ähnliches Erlebnis – die Möglichkeiten sind endlos.

Wenn Sie mit diesen Funktionen experimentieren, werden Sie feststellen, dass sich Ihr Gerät perfekt an Ihren Lebensstil anpasst und Sie im wahrsten Sinne des Wortes in Verbindung hält. Genießen Sie die Reise, erkunden Sie diese Funktionen und lassen Sie Ihr Galaxy S25 Ultra jeden Aspekt Ihres digitalen Erlebnisses verbessern!

KAPITEL FÜNF

DEN S PEN BEHERRSCHEN

Der S Pen ist mehr als nur ein Stift – er ist Ihr kreativer Partner, Ihre Fernbedienung mit Schnellzugriff und ein Werkzeug, das Ihr Galaxy S25 Ultra wirklich vielseitig macht. In diesem Kapitel erkunden wir die vielen Funktionen des S Pen, zeigen Ihnen, wie Sie ihn an Ihren individuellen Stil anpassen und enthüllen die Magie, die hinter der Umwandlung Ihrer Handschrift in Text steckt. Egal, ob Sie Ideen notieren, Fotos bearbeiten oder auf Ihrem Gerät navigieren, der S Pen verbessert jedes Erlebnis.

Funktionen und Anpassung des S Pen

Der S Pen bietet Ihnen eine Welt voller Möglichkeiten direkt zur Hand. So können Sie die Funktionen optimal nutzen und an Ihre Bedürfnisse anpassen:

- **Intuitive Luftaktionen:** Erleben Sie die Freiheit, Ihr Gerät aus der Ferne zu steuern. Mit Luftaktionen können Sie durch Fotos wischen, Dokumente scrollen oder sogar Apps mit einfachen Gesten starten. Diese Freisprechfunktion ist perfekt für geschäftige Momente oder unterwegs.

- **Bildschirm-Aus-Memo:** Erfassen Sie Ideen, sobald sie Ihnen in den Sinn kommen – auch wenn Ihr Bildschirm ausgeschaltet ist. Ziehen Sie einfach den S Pen heraus und beginnen Sie mit dem Schreiben einer kurzen Notiz. Es ist, als hätte man einen digitalen Notizblock, der immer für Inspiration bereitsteht.

- **Anpassbare Verknüpfungen:** Personalisieren Sie die Tasten Ihres S Pen, um Aktionen auszuführen, die Sie am häufigsten verwenden. Unabhängig davon, ob Sie Ihre Kamera-App öffnen, einen Screenshot machen oder eine bestimmte Notizen-

App starten möchten, können Sie Verknüpfungen zuweisen, die Ihren Arbeitsablauf reibungsloser und effizienter machen.

- **Druckempfindlichkeit und Präzision:** Dank der verbesserten Druckempfindlichkeit reagiert der S Pen auf die leichteste Berührung und sorgt für ein natürliches Schreiberlebnis. Es eignet sich perfekt zum Zeichnen, Bearbeiten von Fotos oder Markieren von Dokumenten. Es passt sich jeder Ihrer Bewegungen an und sorgt für Genauigkeit, egal ob Sie kritzeln oder einen Bericht mit Anmerkungen versehen.

- **S Pen-Einstellungen:** Tauchen Sie in das Einstellungsmenü ein, um die Empfindlichkeit anzupassen, Gesten anzupassen und zusätzliche Funktionen zu erkunden. Mit der One UI von Samsung können Sie ganz einfach experimentieren und die perfekte Konfiguration finden, die zu Ihrem Stil passt. Mit ein paar Fingertipps können Sie zwischen Modi und Funktionen wechseln und sicherstellen, dass der S Pen genau so funktioniert, wie Sie es möchten.

Indem Sie diese Funktionen erkunden und sich die Zeit nehmen, den S Pen individuell anzupassen, verwandeln Sie ihn von einem einfachen Zubehör in eine leistungsstarke Erweiterung Ihrer Kreativität und Produktivität.

Detail antenna description

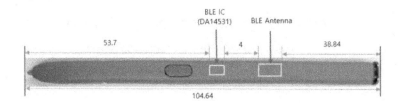

HANDSCHRIFT ZUM TEXT

Stellen Sie sich vor, wie bequem es wäre, Ihre Gedanken von Hand aufzuschreiben und sie auf magische Weise in digitalen Text umwandeln zu lassen. Das Galaxy S25 Ultra macht dies mit der nahtlosen Umwandlung von Handschrift in Text möglich. So können Sie diese Funktion nutzen:

- **Natürlich schreiben:** Öffnen Sie zunächst eine App, die handschriftliche Eingaben unterstützt, z. B. Samsung Notes. Schreiben Sie mit dem S Pen in der Hand wie gewohnt. Die fortschrittliche Erkennungstechnologie des Geräts erfasst jeden Strich, egal ob es sich um eine kurze Notiz oder einen detaillierten Absatz handelt.

- **Konvertieren handschriftlicher Notizen:** Wenn Sie mit dem Schreiben fertig sind, wählen Sie einfach die Option zum Konvertieren Ihrer Handschrift in Text. Die Konvertierung ist so konzipiert, dass sie intuitiv und präzise ist, Ihren natürlichen Schreibstil beibehält und ihn gleichzeitig in bearbeitbaren Text umwandelt. Diese Funktion eignet sich perfekt zum Erstellen schneller Entwürfe, zum Verfassen von E-Mails oder sogar zum Notieren von Aufgabenlisten, ohne diese manuell abtippen zu müssen.

- **Bearbeiten und Teilen:** Nach der Konvertierung können Sie den Text einfach bearbeiten, um sicherzustellen, dass er perfekt ist. Wenn Sie damit zufrieden sind, teilen Sie Ihre Notiz per E-Mail oder Messaging-Apps oder speichern Sie sie zum späteren Nachschlagen. Dieser nahtlose Übergang von handschriftlich zu digital bedeutet, dass Sie sich auf Ihre Ideen konzentrieren können, anstatt sich mit dem Tippen zu verzetteln.

- **Praktische Anwendungen:** Ganz gleich, ob Sie in einer Besprechung, einem Kurs oder einer Brainstorming-Sitzung sind, die Umwandlung von Handschrift in Text kann Ihren Arbeitsablauf beschleunigen. Es ist ein unschätzbar wertvolles Werkzeug für alle, die das organische Gefühl von Handschrift lieben, aber den Komfort und die Effizienz digitaler Texte benötigen.

Die Beherrschung des S Pen eröffnet Ihrem Galaxy S25 Ultra ein neues Maß an Kreativität und Effizienz. Indem Sie die anpassbaren Funktionen erkunden und die Handschrift-zu-Text-Konvertierung nutzen, verwenden Sie nicht nur einen Stift – Sie erhalten ein Werkzeug, das sich an Ihren Lebensstil anpasst und Ihre Produktivität steigert.

Experimentieren Sie mit verschiedenen Einstellungen, üben Sie Ihre Gesten und schon bald werden Sie feststellen, dass der S Pen zu einem unverzichtbaren Bestandteil Ihrer täglichen Routine wird. Egal, ob Sie Ideen skizzieren, Dokumente bearbeiten oder einfach nur schwungvoll auf Ihrem Gerät navigieren – der S Pen wurde entwickelt, um Ihr digitales Erlebnis natürlicher und intuitiver zu gestalten.

LUFTAKTIONEN UND VERKNÜPFUNGEN

Stellen Sie sich vor, Sie steuern Ihr Galaxy S25 Ultra, ohne den Bildschirm zu berühren – nur ein paar subtile Gesten und Tippbewegungen mit Ihrem S Pen, und schon können Sie navigieren, Momente festhalten und im Handumdrehen auf Ihre Lieblings-Apps zugreifen.

Die Magie der Luftaktionen

Mit Air Actions können Sie aus geringer Entfernung mit Ihrem Gerät interagieren und erhalten so ein Gefühl der Kontrolle, das sich fast futuristisch anfühlt. Das macht sie so bemerkenswert:

- **Mühelose Navigation:** Mit einer einfachen Bewegung oder Drehung des S Pen in der Luft können Sie durch Fotos scrollen, zwischen Apps wechseln oder sogar die Medienwiedergabe steuern. Es ist, als hätten Sie eine Fernbedienung zur Hand – Sie müssen den Bildschirm nicht berühren.

- **Freihändige Effizienz:** Egal, ob Sie kochen, präsentieren oder einfach unterwegs sind, mit Air Actions können Sie Ihr Gerät bedienen, ohne Ihren Arbeitsfluss zu unterbrechen. Stellen Sie sich vor,

Sie pausieren Ihre Musik, schalten eine Diashow weiter oder machen während eines Videoanrufs einen Schnappschuss – alles ohne ein einziges Tippen.

- **Nahtlose Integration:** Das Galaxy S25 Ultra ist so konzipiert, dass es eine Vielzahl von Gesten erkennt. Das bedeutet, dass Ihr Gerät ganz gleich, ob Sie wischen, neigen oder zeigen, auf eine Weise reagiert, die sich sowohl natürlich als auch intuitiv anfühlt.

ANPASSEN IHRER LUFTAKTIONEN

Das Schöne am S Pen liegt in seiner Anpassungsfähigkeit. Sie können Air Actions an Ihren Stil und Ihre täglichen Bedürfnisse anpassen:

- **Einfache Einrichtung:** Gehen Sie im Menü Ihres Geräts zu den S Pen-Einstellungen. Hier können Sie die verfügbaren Gesten anzeigen und sehen, was jede einzelne standardmäßig tut. Von dort aus können Sie ganz einfach experimentieren und die Kombination finden, die für Sie am besten geeignet ist.

- **Persönliche Note:** Zögern Sie nicht, bestimmten Gesten bestimmte Funktionen zuzuweisen. Beispielsweise können Sie eine Wischbewegung nach links konfigurieren, um die Musik zurückzuspulen, oder eine schnelle Wischbewegung nach oben, um einen Screenshot aufzunehmen. Durch diese Personalisierung fühlt sich Ihr Gerät einzigartig an.

- **Empfindlichkeit und Reaktionsfähigkeit:** Passen Sie die Empfindlichkeit des S Pen an Ihre natürlichen Handbewegungen an. Ein gut kalibrierter Stift sorgt dafür, dass jede Geste genau erkannt wird, was Frustrationen reduziert und Ihre Interaktionen reibungsloser macht.

NUTZEN SIE DIE MACHT VON VERKNÜPFUNGEN

Über die Gesten hinaus bietet die integrierte Taste des S Pen eine weitere Steuerungsebene. Mithilfe von Verknüpfungen können Sie Aufgaben schnell ausführen, ohne jemals durch Menüs navigieren zu müssen:

- **Sofortige Aktionen:** Mit einem Druck auf die S Pen-Taste können Sie Ihre Kamera starten, Ihre Lieblings-Notiz-App öffnen oder sogar eine bestimmte Funktion wie „Screen Off Memo" auslösen. Es geht darum, Schritte zu reduzieren und Zeit zu sparen.

- **Auf Sie zugeschnitten:** Ähnlich wie bei Air Actions können Verknüpfungen angepasst werden. Stellen Sie sich vor, Sie richten eine Verknüpfung ein, um Ihren Zeitplan zu überprüfen oder eine vorgefertigte Nachricht zu senden – alles wird durch einen einfachen Tastendruck aktiviert. Die Flexibilität ermöglicht es Ihnen, einen Arbeitsablauf zu erstellen, der zu Ihren täglichen Aktivitäten passt.

- **Optimierter Arbeitsablauf:** Bei diesen Abkürzungen geht es nicht nur um Geschwindigkeit; Es geht um Effizienz. Ganz gleich, ob Sie sich mitten in einer kreativen Sitzung befinden oder an einem hektischen Tag Multitasking betreiben: Wenn Sie wichtige Aktionen auf Knopfdruck ausführen können, bedeutet dies weniger Unterbrechungen und mehr Konzentration auf das Wesentliche.

ALLES ZUSAMMENBRINGEN: ANWENDUNGEN AUS DER PRAXIS

Lassen Sie uns diese Funktionen anhand einiger praktischer Beispiele in einen Zusammenhang bringen:

- **Während einer Präsentation:** Verwenden Sie Air Actions, um zwischen Folien zu wischen, ohne an Ihr Gerät gebunden zu sein, während Sie mit der

Schnelltaste des S Pen schnell zwischen Ihren Moderatornotizen wechseln können.

- **Fotografie im Handumdrehen:** Nehmen Sie die perfekte Aufnahme auf, indem Sie die Kamera mit einer einfachen Geste steuern, oder richten Sie eine Verknüpfung für den sofortigen Zugriff auf verschiedene Aufnahmemodi ein.

- **Alltagskomfort:** Ganz gleich, ob Sie kochen, Sport treiben oder einfach nur faulenzen – stellen Sie sich vor, dass Sie mit einer schnellen S-Pen-Geste die Lautstärke regeln, Wiedergabelisten wechseln oder sogar eine Textnachricht senden möchten – und das alles, während Sie die Hände frei haben.

Tipps und Best Practices

- **Experimentieren Sie frei:** Der beste Weg, diese Funktionen zu beherrschen, besteht darin, sie in verschiedenen Szenarien auszuprobieren. Machen Sie sich keine Sorgen, Fehler zu machen. Jede Geste, die Sie versuchen, ist ein Schritt in Richtung eines persönlicheren Erlebnisses.

- **Halten Sie es einfach:** Obwohl es eine große Auswahl an Aktionen gibt, konzentrieren Sie sich auf diejenigen, die Ihre Routine wirklich verbessern. Fangen Sie klein an und erweitern Sie dann Ihr Repertoire, wenn Sie sich wohler fühlen.

- **Bleiben Sie auf dem Laufenden:** Samsung aktualisiert seine Software regelmäßig und fügt neue Gesten und Anpassungsoptionen hinzu. Wenn Sie Ihr Gerät auf dem neuesten Stand halten, stellen Sie sicher, dass Sie immer über die neuesten Funktionen und Verbesserungen verfügen.

Air Actions und Shortcuts definieren die Art und Weise, wie Sie mit Ihrem Galaxy S25 Ultra interagieren, neu. Sie verwandeln Ihren S Pen in ein dynamisches Werkzeug – eines, das sich Ihrem Lebensstil anpasst, alltägliche Aufgaben vereinfacht und Ihnen einen wirklich intuitiven Umgang mit Technologie ermöglicht. Nutzen Sie diese Funktionen, experimentieren Sie mit verschiedenen Gesten und Verknüpfungen und schon bald werden Sie feststellen, dass die Verwaltung Ihres Geräts noch nie so mühelos und unterhaltsam war.

Nehmen Sie sich einen Moment Zeit, um diese Möglichkeiten zu erkunden, und beobachten Sie, wie sich Ihre digitale Welt in eine Erweiterung Ihrer Kreativität und Effizienz verwandelt. Viel Spaß beim Gestikulieren!

KAPITEL SECHS

TIPPS FÜR KAMERA UND FOTOGRAFIE

Willkommen in der Welt der Fotografie auf Ihrem Galaxy S25 Ultra! In diesem Kapitel erkunden wir die verschiedenen Kameramodi und -einstellungen, die alltägliche Momente in atemberaubende Kunstwerke verwandeln. Egal, ob Sie ein Amateurfotograf sind, der Erinnerungen festhalten möchte, oder ein Profi, der kreative Grenzen überschreiten möchte, dieser Leitfaden hilft Ihnen dabei, die volle Leistung der Kamera Ihres Geräts auszuschöpfen.

Erkunden der Kameramodi

Ihr Galaxy S25 Ultra ist mit einer Vielzahl von Kameramodi ausgestattet, die jeweils darauf ausgelegt sind, mühelos verschiedene Szenen und Lichtverhältnisse einzufangen. Schauen wir genauer hin:

- **Auto-Modus:** Für alltägliche Aufnahmen ist der Auto-Modus Ihr zuverlässiger Begleiter. Die Kamera passt Einstellungen wie Belichtung, Fokus und Farbbalance automatisch an, sodass Sie ohne großen Aufwand wunderschöne Fotos aufnehmen können. Es eignet sich perfekt für schnelle Aufnahmen, wenn Sie keine Zeit haben, die Einstellungen manuell anzupassen.

- **Pro-Modus:** Für die Momente, in denen Sie vollständige Kontrolle wünschen, können Sie im Pro-Modus jedes Element feinabstimmen – von Verschlusszeit und ISO bis hin zu Weißabgleich und Fokus. Dieser Modus ist ideal für kreative Fotografie und anspruchsvolle Lichtverhältnisse. Wenn Sie hier experimentieren, können Sie einen einfachen Schnappschuss in ein Bild in professioneller Qualität verwandeln.

- **Nachtmodus:** Wenn die Sonne untergeht, greift der Nachtmodus ein, um sicherzustellen, dass Ihre Fotos auch bei schlechten Lichtverhältnissen strahlen. Durch die Verwendung längerer Belichtungszeiten und fortschrittlicher Rauschunterdrückungstechniken erfasst der Nachtmodus lebendige Details, die anderen Telefonen möglicherweise entgehen. Es ist Ihre erste Wahl für Stadtansichten, Sternenhimmel oder andere Szenarien, in denen das Licht knapp ist.

- **Porträtmode:** Dieser Modus soll Ihre Motive hervorheben. Mithilfe der Tiefenschärfetechnologie erzeugt der Porträtmodus einen wunderschön unscharfen Hintergrund, der das Motiv hervorhebt und Ihren Porträts eine professionelle Note verleiht. Es ist perfekt für Selfies, Gruppenfotos und das Festhalten dieser ehrlichen Momente.

- **Ultraweitwinkel- und Makromodi:** Erweitern Sie Ihre kreativen Möglichkeiten mit Ultraweitwinkel für weite Landschaften oder enge Räume und dem Makromodus für Nahaufnahmen, bei denen jedes kleine Detail zählt. Mit diesen speziellen Modi können Sie Perspektiven einfangen, die mit einem Standardobjektiv einfach nicht möglich sind.

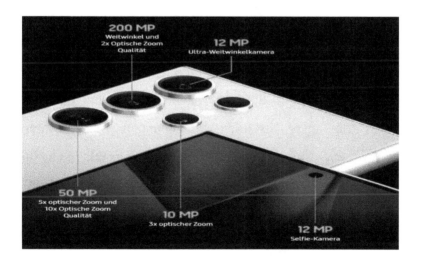

OPTIMIEREN SIE DIE KAMERAEINSTELLUNGEN FÜR PERFEKTION

Während die verschiedenen Modi maßgeschneiderte Erlebnisse bieten, kann die Anpassung der Kameraeinstellungen Ihre Fotografie noch weiter verbessern. So holen Sie das Beste aus Ihrem Gerät heraus:

- **Auflösung und Seitenverhältnis:** Wählen Sie die richtige Auflösung und das richtige Seitenverhältnis für Ihre Anforderungen. Unabhängig davon, ob Sie Momente für soziale Medien festhalten oder hochauflösende Ausdrucke vorbereiten, sorgt die Anpassung dieser Einstellungen dafür, dass Ihre Fotos auf jeder Plattform optimal aussehen.

- **Fokus und Belichtung:** Im Pro-Modus können Sie sich mit der manuellen Fokussierung genau auf das konzentrieren, was in Ihrem Bild am wichtigsten ist. Ebenso hilft die Steuerung der Belichtung, das Licht in anspruchsvollen Umgebungen zu verwalten. Experimentieren Sie mit diesen Einstellungen, um die perfekte Balance zwischen Helligkeit und Details zu erreichen.

- **HDR und Filter:** High Dynamic Range (HDR) ist eine leistungsstarke Funktion für Szenen mit einem breiten Spektrum an Lichtintensitäten. Es kombiniert mehrere Belichtungen, um ein ausgewogenes Bild zu erzeugen, das sowohl die hellen Lichter als auch die tiefen Schatten einfängt. Und wenn Sie eine kreative Note hinzufügen möchten, erkunden Sie die integrierten Filter, die die Stimmung Ihres Fotos sofort verändern können.

- **Timer- und Burst-Modi:** Der Timer ist praktisch für Gruppenaufnahmen oder Selbstporträts und gibt Ihnen die Möglichkeit, Teil des Bildes zu sein. Im Burst-Modus hingegen können Sie schnelle Sequenzen aufnehmen und so sicherstellen, dass Sie nie den perfekten Moment verpassen, egal ob es sich um ein sich schnell bewegendes Motiv oder eine unvorhersehbare Actionaufnahme handelt.

- **Stabilisierung:** Dank der integrierten optischen und elektronischen Stabilisierung minimiert Ihr Galaxy S25 Ultra selbst unter schwierigen Bedingungen Unschärfen. Dies ist besonders nützlich bei Videoaufnahmen oder beim Aufnehmen von Fotos bei schlechten Lichtverhältnissen. Eine ruhige Hand kann in Kombination mit diesen Funktionen einen großen Unterschied in Ihrem endgültigen Bild ausmachen.

ERWECKEN SIE IHRE VISION ZUM LEBEN

Die Schönheit des Galaxy S25 Ultra liegt nicht nur in seiner fortschrittlichen Hardware, sondern auch in seiner Fähigkeit, Sie als Geschichtenerzähler zu befähigen. Hier sind ein paar Tipps, um Ihre Fotoreise noch angenehmer zu gestalten:

- **Üben und experimentieren:** Haben Sie keine Angst, mit verschiedenen Modi und Einstellungen zu experimentieren. Beim Fotografieren dreht sich alles um Versuch und Irrtum – jede Anpassung ist ein Schritt auf dem Weg zur Beherrschung Ihres Handwerks.

- **Lernen Sie aus jedem Schuss:** Nehmen Sie sich einen Moment Zeit, um Ihre Fotos zu überprüfen und herauszufinden, was funktioniert hat und was nicht. Ob es um die Art und Weise geht, wie eine bestimmte Lichteinstellung die Farben hervorhebt oder darum, wie ein bestimmter Fokusmodus ein Porträt zum Strahlen bringt – jede Aufnahme ist eine Gelegenheit, sich zu verbessern.

- **Teilen und verbinden:** Beim Fotografieren geht es auch darum, die eigene Perspektive mit der Welt zu teilen. Halten Sie mit Ihrem Galaxy S25 Ultra Momente fest, die Sie berühren, und teilen Sie sie mit Freunden, der Familie oder einer Community gleichgesinnter Enthusiasten.

AUFNAHME IM 200MP-MODUS

Diese unglaubliche Kulisse verwandelt die alltägliche Fotografie in eine Kunstform, indem sie in jeder Aufnahme atemberaubende Details und Klarheit einfängt.

Was ist der 200MP-Modus?

Der 200-MP-Modus ist ein Game-Changer für Fotografie-Enthusiasten. Damit können Sie Bilder mit erstaunlicher Detailgenauigkeit aufnehmen – perfekt für Landschaften, Makroaufnahmen oder jeden Moment, in dem jede noch so kleine Nuance erhalten bleiben soll. In diesem Modus macht Ihr Galaxy S25 Ultra nicht nur Fotos; Es erstellt digitale Leinwände voller reichhaltiger Texturen und lebendiger Details, die sowohl für die kreative Bearbeitung als auch für den großformatigen Druck bereit sind.

Aktivieren des 200MP-Modus

Der Einstieg in den 200-MP-Modus ist einfach, erfordert jedoch einige wichtige Überlegungen:

- **Greifen Sie auf die Kamera-App zu:** Öffnen Sie die Kamera-App Ihres Galaxy S25 Ultra und wechseln Sie in den hochauflösenden Modus. Möglicherweise sehen Sie ein Symbol oder eine Option mit der Bezeichnung „200 MP" – tippen Sie darauf, um den Modus zu aktivieren.

- **Sorgen Sie für ausreichende Beleuchtung:** Obwohl der 200-MP-Modus im Detail brilliert, funktioniert er am besten bei guten Lichtverhältnissen. Natürliches Licht hilft dabei, die wahren Farben und feineren Details Ihres Motivs einzufangen.

- **Überlegungen zur Lagerung:** Da 200-Megapixel-Bilder groß sind, stellen Sie sicher, dass genügend Speicherplatz zur Verfügung steht. Erwägen Sie die Verwendung einer microSD-Karte oder eines Cloud-Backups, um Ihre hochauflösenden Meisterwerke zu schützen.

BEST PRACTICES FÜR AUFNAHMEN IM 200MP-MODUS

Um die Leistung der 200-MP-Fotografie wirklich zu nutzen, finden Sie hier einige Tipps und Tricks:

- **Stabilität ist der Schlüssel:** Bei einer so hohen Auflösung kann selbst die kleinste Verwacklung Ihr Bild beeinträchtigen. Verwenden Sie ein Stativ oder stabilisieren Sie Ihre Hände, um Unschärfe zu vermeiden, insbesondere bei schlechten Lichtverhältnissen.

- **Achten Sie auf Ihre Zusammensetzung:** Dank der Klarheit, die der 200-MP-Modus bietet, können Sie Bilder zuschneiden und bearbeiten, ohne Details zu verlieren. Eine von Anfang an gut durchdachte Komposition spart Ihnen jedoch Zeit bei der Nachbearbeitung und führt zu eindrucksvolleren Bildern.

- **Experimentieren Sie mit verschiedenen Themen:** Versuchen Sie, eine Vielzahl von Motiven einzufangen, von weitläufigen Landschaften bis hin zu komplizierten Texturen und winzigen Details in der Natur. Jede Szene kann etwas Neues offenbaren, wenn man sie durch ein 200-MP-Objektiv betrachtet.

- **Verwenden Sie den Burst-Modus für Action-Aufnahmen:** Beim Fotografieren von sich bewegenden Motiven kann Ihnen der Burst-Modus dabei helfen, den perfekten Moment einzufangen. Dadurch wird sichergestellt, dass Sie aus mehreren hochauflösenden Bildern auswählen können.

VORTEILE UND ÜBERLEGUNGEN

Obwohl die Vorteile des 200-MP-Modus überzeugend sind, gibt es einige Überlegungen zu beachten:

- **Unübertroffenes Detail:** Durch die hohe Auflösung können Sie Bilder mit minimalem Verlust an Klarheit vergrößern – ideal für Ausdrucke und detaillierte Bearbeitungen.

- **Größere Dateigrößen:** Seien Sie auf größere Bilddateien vorbereitet, die möglicherweise mehr Speicherplatz beanspruchen und eine robuste Nachbearbeitungssoftware erfordern.

- **Batterieverbrauch:** Das Fotografieren im 200-MP-Modus kann Ihren Akku stärker beanspruchen. Es ist eine gute Idee, Ihr Gerät bei langen Fotoaufnahmen aufgeladen zu halten oder eine tragbare Powerbank dabei zu haben.

- **Nicht immer notwendig:** Für alltägliche Schnappschüsse oder Social-Media-Beiträge könnte eine niedrigere Auflösung praktischer sein. Speichern Sie den 200-MP-Modus für die Momente, in denen Sie wirklich jedes Detail festhalten möchten.

NACHBEARBEITUNG UND WEITERGABE IHRER 200-MP-MEISTERWERKE

Nachdem Sie Ihre hochauflösenden Fotos aufgenommen haben, kann die Nachbearbeitung deren Wirkung noch verstärken:

- **Bearbeitungssoftware:** Verwenden Sie Fotobearbeitungs-Apps wie Adobe Lightroom oder Snapseed, die große Dateien verarbeiten können, um Farben, Schärfe und Kontrast anzupassen. Diese Tools helfen Ihnen, das Beste aus Ihren Bildern herauszuholen.

- **Organisieren Sie Ihre Fotos:** Aufgrund ihrer Größe ist es wichtig, Ihre 200-MP-Fotos effizient zu organisieren. Erstellen Sie dedizierte Ordner oder nutzen Sie Cloud-Speicherlösungen, um Ihr Portfolio zu verwalten.

- **Online teilen:** Berücksichtigen Sie beim Online-Teilen die Auflösungsgrenzen der Plattform. Möglicherweise müssen Sie die Größe Ihrer Fotos ändern oder sie leicht komprimieren, behalten Sie jedoch immer eine Version in voller Auflösung zum Drucken oder für zukünftige Bearbeitungen bei.

Das Fotografieren im 200-MP-Modus auf Ihrem Galaxy S25 Ultra ist, als ob Sie eine professionelle Kamera in der Tasche hätten. Es eröffnet ein Reich an kreativen Möglichkeiten und ermöglicht es Ihnen, das Leben mit beispielloser Klarheit und Detailtreue einzufangen. Egal, ob Sie ein erfahrener Fotograf sind oder gerade erst anfangen, Ihre kreative Seite zu entdecken, nutzen Sie diesen Modus als Werkzeug zum Experimentieren, Lernen und um Ihre Fotografie auf ein neues Niveau zu heben.

PROFI-VIDEO- UND BEARBEITUNGSTIPPS

Lassen Sie uns erkunden, wie Sie den erweiterten Pro-Video-Modus nutzen können, um filmische Momente festzuhalten und sie dann mit intelligenten Bearbeitungstipps aufzupolieren. Egal, ob Sie Ihren nächsten Reise-Vlog, ein Familientreffen oder ein kreatives Projekt filmen, diese Erkenntnisse helfen Ihnen dabei, Videos zu produzieren, die professionell aussehen und sich professionell anfühlen.

Erste Schritte mit dem Pro-Video-Modus

Der Pro-Video-Modus Ihres Galaxy S25 Ultra bietet eine Reihe manueller Steuerelemente, mit denen Sie Ihre

Videoeinstellungen selbst steuern können. So machen Sie das Beste daraus:

- **Zugriff auf den Pro-Video-Modus:** Öffnen Sie Ihre Kamera-App und wechseln Sie in den Pro-Video-Modus. Diese Einstellung schaltet eine Reihe von Optionen wie manuellen Fokus, einstellbare Verschlusszeit, ISO und Weißabgleich frei. Mit diesen Steuerelementen können Sie jede Aufnahme an die Umgebung und Ihre kreative Vision anpassen.

- **Feinabstimmung Ihrer Einstellungen:** Experimentieren Sie mit manuellen Anpassungen, um die perfekte Balance zu finden. Wenn Sie beispielsweise die Verschlusszeit bei schlechten Lichtverhältnissen verringern, können schöne Lichtspuren entstehen, während die Anpassung des ISO-Werts dazu beiträgt, die Klarheit beizubehalten, ohne dass unerwünschtes Rauschen entsteht. Es geht um die Feinabstimmung, bis Ihr Video die gewünschte Stimmung und Detailtreue widerspiegelt.

- **Stabilisierung ist der Schlüssel:** Bei der Aufnahme hochwertiger Videos macht die Stabilität den entscheidenden Unterschied. Verwenden Sie ein

Stativ oder einen Gimbal, um Verwacklungen zu minimieren und sicherzustellen, dass Ihre Aufnahmen flüssig und professionell sind. Die integrierte Stabilisierung Ihres Galaxy S25 Ultra wirkt Wunder, aber zusätzliche Unterstützung kann Ihre Ergebnisse noch weiter verbessern.

- **Rahmen und Komposition:** Verwenden Sie Gitterlinien, um bei jeder Aufnahme den richtigen Bildausschnitt und die richtige Balance zu gewährleisten. Unabhängig davon, ob Sie eine weite Landschaft oder eine Nahaufnahme aufnehmen, spielt die Komposition eine entscheidende Rolle dabei, Ihr Video optisch ansprechend zu gestalten. Haben Sie keine Angst, sich zu bewegen und verschiedene Blickwinkel auszuprobieren – je mehr Sie experimentieren, desto besser wird Ihr Blick für das Geschichtenerzählen.

TIPPS ZUM FOTOGRAFIEREN WIE EIN PROFI

Sobald Sie mit dem Pro-Video-Modus vertraut sind, finden Sie hier einige praktische Tipps, um Ihr Filmerlebnis zu verbessern:

- **Planen Sie Ihre Aufnahmen:** Stellen Sie sich Ihr Video als eine Reihe von Szenen vor. Erstellen Sie ein Storyboard für Ihre Ideen oder haben Sie zumindest eine klare Vorstellung vom Anfang, der Mitte und dem Ende. Diese Planung hilft Ihnen, konsistentes und zusammenhängendes Filmmaterial aufzunehmen.

- **Achten Sie auf den Ton:** Bei großartigen Videos geht es nicht nur um visuelle Elemente. Stellen Sie sicher, dass Ihr Ton klar ist, indem Sie die eingebauten Mikrofone testen oder, wenn möglich, ein externes Mikrofon verwenden. Klarer Ton kann die Gesamtqualität Ihres Videos erheblich steigern.

- **Beleuchtungsangelegenheiten:** Für professionell aussehende Videos ist eine gute Beleuchtung unerlässlich. Unabhängig davon, ob Sie drinnen oder draußen fotografieren, nutzen Sie das natürliche Licht zu Ihrem Vorteil oder ergänzen Sie es mit tragbaren Lampen. Behalten Sie Schatten und Lichter im Auge, um unerwünschte Ablenkungen zu vermeiden.

- **Erfassen Sie mehr als Sie brauchen:** Nehmen Sie nach Möglichkeit zusätzliches Filmmaterial auf. Dies gibt Ihnen während der Bearbeitung mehr Möglichkeiten und stellt sicher, dass Sie den perfekten Moment nicht verpassen. Nutzen Sie Serienaufnahme- oder Zeitlupenfunktionen, um Ihren Szenen Abwechslung und Dramatik zu verleihen.

BEARBEITEN SIE IHR VIDEO FÜR EIN POLIERTES FINISH

Nach der Aufnahme Ihres Filmmaterials erwacht Ihre Geschichte erst beim Bearbeiten zum Leben. Das Galaxy S25 Ultra bietet leistungsstarke Bearbeitungstools, die sowohl integriert als auch mit externen Apps kompatibel sind und Ihnen dabei helfen, Ihre Arbeit zu verfeinern:

- **Integrierter Video-Editor:** Beginnen Sie mit dem nativen Editor in Ihrer Galerie-App. Schneiden Sie Clips zu, passen Sie das Tempo an und fügen Sie Übergänge hinzu, um einen reibungslosen Erzählfluss zu schaffen. Dank der intuitiven

Benutzeroberfläche können Sie ganz einfach mit verschiedenen Sequenzen experimentieren, bis Sie herausgefunden haben, was am besten funktioniert.

- **Farbkorrektur und Filter:** Passen Sie die Stimmung Ihres Videos mit Farbkorrekturtools an. Passen Sie Helligkeit, Kontrast und Sättigung an, um die visuelle Attraktivität zu verbessern. Wenden Sie Filter sparsam an, um einen einzigartigen Stil zu verleihen, ohne die natürlichen Farben Ihres Filmmaterials zu übertönen.

- **Sounddesign:** Synchronisieren Sie Hintergrundmusik, passen Sie die Audiopegel an oder fügen Sie Voice-Overs hinzu, um Ihre Bilder zu ergänzen. Gutes Sounddesign bereichert nicht nur das Seherlebnis, sondern gibt auch den Ton Ihres Videos vor.

- **Exportieren und Teilen:** Wenn Sie mit Ihren Bearbeitungen zufrieden sind, wählen Sie die passende Auflösung und das Format für Ihr Zielpublikum. Unabhängig davon, ob Sie es auf soziale Medien hochladen oder ein Meisterwerk archivieren, stellen Sie sicher, dass Ihre

Exporteinstellungen die hohe Qualität Ihres Originalmaterials beibehalten.

- **Experimentieren Sie mit Apps von Drittanbietern:** Wenn Sie auf der Suche nach erweiterten Funktionen sind, sollten Sie Apps wie Adobe Premiere Rush oder andere mobile Videoeditoren in Betracht ziehen. Diese Tools bieten zusätzliche Effekte, detaillierte Timeline-Bearbeitung und eine differenziertere Kontrolle über Ihr Endprodukt.

ALLES ZUSAMMENBRINGEN

Der Pro-Video-Modus und die intelligente Bearbeitung sind mehr als nur technische Funktionen – sie sind der Schlüssel zur Entfaltung Ihres kreativen Potenzials. Jede Einstellung, die Sie anpassen, jede Aufnahme, die Sie machen, und jede Bearbeitung, die Sie vornehmen, ist ein Schritt dazu, Ihre Geschichte auf eine einzigartige Weise zu erzählen. Mit dem Galaxy S25 Ultra können Sie furchtlos experimentieren und alltägliche Momente in filmische Erinnerungen verwandeln.

Nehmen Sie sich Zeit, üben Sie Ihre Techniken und genießen Sie den Lernprozess. Mit jedem von Ihnen erstellten Video verbessern Sie nicht nur Ihre technischen Fähigkeiten, sondern entdecken auch neue Möglichkeiten, Ihrer Kreativität Ausdruck zu verleihen. Schnappen Sie sich also Ihr Galaxy S25 Ultra, beleuchten Sie Ihre Szene und lassen Sie Ihre Geschichte Bild für Bild entfalten.

Viel Spaß beim Filmen und Bearbeiten!

KAPITEL SIEBEN

SICHERHEITS-UND DATENSCHUTZFUNKTIONEN

Im heutigen digitalen Zeitalter ist der Schutz Ihrer persönlichen Daten wichtiger denn je. Das Galaxy S25 Ultra ist mit einer Reihe fortschrittlicher Sicherheitsfunktionen ausgestattet, die nicht nur Ihre Daten schützen, sondern auch das Entsperren und Organisieren Ihres Geräts zu einem reibungslosen Erlebnis machen. In diesem Kapitel erfahren Sie, wie Gesichtserkennung und Fingerabdrucksicherheit zusammenarbeiten, um Ihr Gerät zu schützen, und wie Secure Folder zusammen mit Knox Security eine Festung für Ihre sensiblen Daten bietet.

GESICHTSERKENNUNG UND FINGERABDRUCKSICHERHEIT

Stellen Sie sich ein Sicherheitssystem vor, das Sie sofort erkennt – kein Fummeln mehr mit Passwörtern oder PINs. Mit dem Galaxy S25 Ultra stehen Ihnen zwei leistungsstarke biometrische Optionen zur Verfügung:

- **Gesichtserkennung:** Diese Funktion nutzt fortschrittliche Technologie, um Ihre Gesichtszüge schnell und genau zu analysieren. Schauen Sie einfach auf Ihr Gerät und es wird im Handumdrehen entsperrt. Es ist für den Einsatz bei unterschiedlichen Lichtverhältnissen konzipiert und gewährleistet einen schnellen und sicheren Zugang, egal ob Sie drinnen oder draußen sind. Darüber hinaus verleiht es Ihrem Gerät eine persönliche Note und macht es zu Ihrem Eigentum.

- **Fingerabdrucksicherheit:** Wenn Sie eine taktile Authentifizierungsmethode bevorzugen, hilft Ihnen der Fingerabdrucksensor weiter. Dieser Sensor befindet sich bequem auf dem Bildschirm oder auf der Rückseite des Geräts (je nach Modell) und liest die einzigartigen Muster Ihres Fingerabdrucks mit bemerkenswerter Präzision. Es ist schnell, zuverlässig und unglaublich einfach einzurichten. Indem Sie einfach Ihren Finger auf den Sensor legen, erhalten Sie sicheren Zugriff auf Ihr Telefon, Ihre Apps und sogar vertrauliche Dateien.

Zusammen stellen diese biometrischen Funktionen sicher, dass nur Sie Ihr Gerät entsperren können, und bieten so einen starken Schutz, der sowohl benutzerfreundlich als auch äußerst sicher ist.

SICHERER ORDNER UND KNOX-SICHERHEIT

Neben dem Entsperren Ihres Geräts hat die Sicherheit Ihrer persönlichen Dateien, Fotos und Dokumente oberste Priorität. Hier kommen Secure Folder und Knox Security ins Spiel:

- **Sicherer Ordner:** Stellen Sie sich den sicheren Ordner als Ihren privaten Tresor in Ihrem Galaxy S25 Ultra vor. Hier können Sie sensible Daten wie vertrauliche Dokumente, persönliche Fotos und sichere Apps vor neugierigen Blicken schützen. Mit der intuitiven Benutzeroberfläche können Sie Dateien ganz einfach in den sicheren Ordner verschieben und mit Ihrer bevorzugten Authentifizierungsmethode darauf zugreifen – sei es Gesichtserkennung, Fingerabdruck oder PIN. Dies ist eine einfache, aber effektive Möglichkeit, Ihre privaten Daten vom Rest Ihres Geräts zu trennen.

- **Knox-Sicherheit:** Die Grundlage des gesamten Sicherheitsrahmens Ihres Galaxy S25 Ultra ist Knox Security. Dieses mehrschichtige Schutzsystem arbeitet auf Hardware- und Softwareebene, um potenzielle Bedrohungen zu erkennen und abzuwehren. Knox überwacht Ihr Gerät kontinuierlich auf ungewöhnliche Aktivitäten und schützt Ihre Daten durch Echtzeitschutz. Ganz gleich, ob Sie online einkaufen, vertrauliche E-Mails abrufen oder einfach nur surfen – Knox sorgt dafür, dass Ihre digitale Welt sicher bleibt.

Durch die Kombination der Benutzerfreundlichkeit von Secure Folder mit dem robusten Schutz von Knox Security schafft Ihr Galaxy S25 Ultra eine sichere Umgebung, die auf Ihre persönlichen und beruflichen Bedürfnisse zugeschnitten ist.

Wenn Sie die erweiterten Sicherheits- und Datenschutzfunktionen Ihres Galaxy S25 Ultra nutzen, können Sie sich auf das Wesentliche konzentrieren – in Verbindung bleiben und produktiv bleiben –, ohne sich um die Sicherheit Ihrer persönlichen Daten sorgen zu müssen. Mit Gesichtserkennung und Fingerabdrucksicherheit entsperren Sie Ihr Gerät schnell und sicher, während Secure Folder und Knox Security für Sicherheit sorgen, indem sie Ihre sensibelsten Informationen schützen.

APP-BERECHTIGUNGEN VERWALTEN

In einer Welt, in der unsere Smartphones mehr persönliche Informationen als je zuvor speichern, ist die Verwaltung von App-Berechtigungen ein entscheidender Schritt, um die Sicherheit Ihrer Daten und die Wahrung Ihrer Privatsphäre zu gewährleisten. Ihr Galaxy S25 Ultra bietet intuitive Bedienelemente, mit denen Sie entscheiden können, auf welche Informationen jede App zugreifen kann, sodass Sie die Kontrolle über Ihr digitales Leben behalten.

App-Berechtigungen verstehen

Jede App auf Ihrem Telefon fragt nach der Erlaubnis, auf bestimmte Funktionen oder Daten zugreifen zu dürfen – sei es Ihr Standort, Ihre Kontakte oder Ihre Kamera. Diese Berechtigungen sind für die ordnungsgemäße Funktion von Apps unerlässlich, können aber auch ein Tor zu Ihren persönlichen Daten sein, wenn sie nicht aktiviert werden.

- **Was sind App-Berechtigungen?** App-Berechtigungen sind Einstellungen, die bestimmen, mit welchen Teilen Ihres Telefons eine App interagieren kann. Sie tragen dazu bei, ein Gleichgewicht zwischen Funktionalität und Privatsphäre aufrechtzuerhalten.

- **Warum sie wichtig sind:** Durch die Verwaltung dieser Berechtigungen stellen Sie sicher, dass jede App nur auf das zugreift, was sie wirklich benötigt. Dies schützt nicht nur Ihre persönlichen Daten, sondern minimiert auch potenzielle Schwachstellen.

NAVIGIEREN DURCH IHRE BERECHTIGUNGSEINSTELLUNGEN

Mit Ihrem Galaxy S25 Ultra können Sie die Berechtigungen für jede App ganz einfach überprüfen und steuern. So können Sie loslegen:

- **Zugriff auf App-Berechtigungen:**
  - Öffnen Sie die **Einstellungen** Menü auf Ihrem Gerät.
  - Navigieren Sie zu **Apps** oder **Anwendungen**.
  - Suchen Sie nach einer Option wie **App-Berechtigungen** oder **Berechtigungsmanager**. In diesem Abschnitt erhalten Sie einen Überblick über alle Berechtigungen, die Apps angefordert haben.

- **Überprüfen von Berechtigungen nach Kategorie:** Berechtigungen werden normalerweise in Kategorien wie Kamera, Standort, Mikrofon, Kontakte und mehr gruppiert. Mithilfe dieser Organisation können Sie schnell erkennen, welche Apps Zugriff auf vertrauliche Daten haben.

- **Detaillierte App-Einblicke:** Tippen Sie auf eine bestimmte Berechtigungskategorie, um eine Liste der Apps anzuzeigen, die diesen Zugriff angefordert haben. Sie können dann entscheiden, ob eine App diese Berechtigung wirklich benötigt oder ob es an der Zeit ist, sie zu widerrufen.

ANPASSEN IHRER BERECHTIGUNGEN

Um die Kontrolle über Ihre Privatsphäre zu übernehmen, müssen Sie die Berechtigungen entsprechend Ihrem Komfortniveau anpassen. Hier sind einige Schritte, um Ihre Geräteeinstellungen anzupassen:

- **Zugriff gewähren oder widerrufen:** Für jede App können Sie die Berechtigungen je nach Ihren Vorlieben ein- oder ausschalten. Wenn Sie bemerken, dass eine App unnötigen Zugriff auf Ihren

Standort oder Ihre Kontakte hat, schalten Sie sie einfach aus.

- o Beispielsweise muss ein einfaches Spiel möglicherweise nicht auf Ihre Kontakte zugreifen – warum also ihm die Erlaubnis erteilen?

- **Temporäre Berechtigungen:** Bei einigen Apps können Sie temporären Zugriff gewähren. Dies bedeutet, dass sie eine Funktion nur nutzen können, während die App verwendet wird, was eine zusätzliche Schutzebene darstellt.

- **Umgang mit Updates:** Wenn Apps aktualisiert werden, fordern sie möglicherweise neue Berechtigungen an. Halten Sie Ausschau nach diesen Eingabeaufforderungen und prüfen Sie, ob die neuen Berechtigungen für die Funktionalität der App sinnvoll sind.

BEST PRACTICES FÜR DIE VERWALTUNG VON BERECHTIGUNGEN

Den Überblick über Ihre App-Berechtigungen zu behalten, ist ein fortlaufender Prozess. Hier sind ein paar Tipps, die Ihnen helfen, eine sichere Umgebung aufrechtzuerhalten:

- **Regelmäßige Rezensionen:** Machen Sie es sich zur Gewohnheit, Ihre Berechtigungen regelmäßig zu überprüfen. Eine kurze Überprüfung kann Ihnen dabei helfen, alle Änderungen oder neuen Apps zu erkennen, die möglicherweise mehr Zugriff haben, als Ihnen lieb ist.

- **Seien Sie skeptisch gegenüber unnötigen Anfragen:** Wenn eine App nach Berechtigungen fragt, die für ihre Funktion irrelevant erscheinen – wie etwa eine Taschenlampen-App, die Zugriff auf Ihre Kontakte anfordert – ist es möglicherweise am besten, diesen Zugriff zu verweigern oder eine alternative App in Betracht zu ziehen.

- **Informieren Sie sich:** Machen Sie sich mit den einzelnen Berechtigungen vertraut. Wenn Sie den Unterschied zwischen „während der Nutzung der

App zulassen" und „immer zulassen" kennen, können Sie intelligentere Entscheidungen treffen.

- **Verwenden Sie einen sicheren Ordner für sensible Apps:** Für Apps, die besonders sensible Daten verarbeiten, sollten Sie die Verwendung des sicheren Ordners von Samsung in Betracht ziehen. Dies fügt eine weitere Schutzebene hinzu und bewahrt Ihre wichtigen Informationen an einem separaten, sicheren Ort auf.

DAS GROßE GANZE: WARUM ALLES WICHTIG IST

Die Verwaltung von App-Berechtigungen ist mehr als nur eine technische Optimierung – es geht darum, die Kontrolle über Ihre persönlichen Daten zurückzugewinnen. Mit jeder Genehmigung, die Sie überprüfen und anpassen, bauen Sie eine digitale Festung auf, die Ihre Privatsphäre vor unnötiger Gefährdung schützt. In der heutigen vernetzten Welt ist dieser Seelenfrieden von unschätzbarem Wert.

Ihr Galaxy S25 Ultra ist mit leistungsstarken Tools ausgestattet, mit denen Sie entscheiden können, wer Zugriff auf Ihre persönlichen Daten erhält. Durch die aktive Verwaltung von App-Berechtigungen schützen Sie nicht nur

Ihre Daten, sondern machen auch einen wichtigen Schritt hin zu einem sichereren und geschützteren mobilen Erlebnis.

Nehmen Sie sich einen Moment Zeit, um diese Einstellungen auf Ihrem Gerät zu erkunden. Der Prozess ist einfach und die Vorteile sind tiefgreifend. Mit Ihrer Privatsphäre in Ihren Händen können Sie alle innovativen Funktionen Ihres Galaxy S25 Ultra ohne Kompromisse genießen.

Bleiben Sie sicher, bleiben Sie informiert und lassen Sie Ihr Smartphone für sich arbeiten – sicher und intelligent.

KAPITEL ACHT

ANPASSUNG UND PERSONALISIERUNG

Ihr Galaxy S25 Ultra ist nicht nur ein Smartphone – es ist eine Erweiterung Ihrer Persönlichkeit. Mit einer Reihe von Anpassungsoptionen können Sie Ihr Gerät ganz individuell gestalten. In diesem Kapitel erfahren Sie, wie Sie Ihren Startbildschirm mithilfe von Themen, Hintergrundbildern und Widgets umgestalten und so einen Raum schaffen, der genauso einzigartig und dynamisch ist wie Sie.

Themen: Drücken Sie Ihren Stil aus

Themen sind wie eine Garderobe für Ihr Telefon. Mit ihnen können Sie das Erscheinungsbild Ihres Geräts mit nur wenigen Fingertipps ändern. So können Sie Ihr Galaxy S25 Ultra mit Themen erkunden und personalisieren:

- **Verändern Sie das Gesamtbild:** Wählen Sie aus einer Vielzahl von Designs, die Ihre Symbole, Farben und sogar Systemschriftarten ändern. Egal, ob Sie ein elegantes, minimalistisches Design oder einen lebendigen, auffälligen Stil bevorzugen, es gibt ein Thema, das zu Ihrer Persönlichkeit passt.

- **Einfache Anpassung:** Der Theme Store von Samsung bietet sowohl kostenlose als auch Premium-Optionen, sodass Sie problemlos mit verschiedenen Stilen experimentieren können. Durchsuchen Sie einfach die verfügbaren Themen, zeigen Sie sie auf Ihrem Gerät in der Vorschau an und wenden Sie das an, das Sie anspricht.

- **Saisonale und ereignisbasierte Optionen:** Halten Sie an Feiertagen oder bei Veranstaltungen Ausschau nach besonderen Themen. Diese limitierten Designs können dem Erscheinungsbild Ihres Telefons eine lustige, zeitgemäße Note verleihen und dafür sorgen, dass sich Ihr Gerät frisch und aufregend anfühlt.

HINTERGRUNDBILDER: STELLEN SIE DEN PERFEKTEN HINTERGRUND EIN

Hintergrundbilder sind die Leinwand Ihres Startbildschirms und bieten den perfekten Hintergrund für Ihre Apps und Widgets. So wählen Sie Ihre Hintergrundbilder aus und personalisieren sie:

- **Spiegeln Sie Ihre Persönlichkeit wider:** Wählen Sie ein Hintergrundbild, das Sie anspricht – sei es eine atemberaubende Landschaft, ein abstraktes

Kunstwerk oder ein persönliches Foto, das besondere Erinnerungen weckt. Ihr Hintergrundbild ist das Erste, was Sie sehen. Lassen Sie es also den Ton für Ihr tägliches digitales Erlebnis angeben.

- **Dynamische und Live-Hintergründe:** Für noch mehr Interaktivität probieren Sie dynamische oder Live-Hintergründe aus. Diese Hintergründe bewegen sich subtil oder ändern sich je nach den Einstellungen Ihres Geräts und verleihen Ihrem Bildschirm Tiefe und Leben, ohne ihn zu überfordern.

- **Einfache Anpassungen:** Das Galaxy S25 Ultra macht es einfach, das Hintergrundbild zu wechseln. Tauchen Sie ein in Ihre Einstellungen oder verwenden Sie das Anpassungsmenü, um Ihre Hintergrundbilder regelmäßig zu drehen. Es ist eine kleine Änderung, die dafür sorgen kann, dass sich Ihr Gerät neu und inspirierend anfühlt.

WIDGETS: SCHNELLZUGRIFF UND PERSÖNLICHE NOTE

Widgets sind die Power-Ups Ihres Startbildschirms – sie ermöglichen Ihnen sofortigen Zugriff auf Informationen und Funktionen, alles auf einen Blick. So nutzen Sie die Widgets auf Ihrem Gerät optimal:

- **Sofortige Informationen:** Von Wetteraktualisierungen und Newsfeeds bis hin zu Kalenderereignissen und Aufgabenlisten – Widgets bringen die Informationen, die Sie benötigen, direkt auf Ihren Startbildschirm. Das bedeutet, dass Sie immer einen Blick auf das Wesentliche haben, ohne eine App öffnen zu müssen.

- **Anpassbares Layout:** Ordnen Sie Ihre Widgets so an, dass ein Layout entsteht, das zu Ihrem Arbeitsablauf passt. Ganz gleich, ob Sie ein sauberes, minimalistisches Setup oder ein detaillierteres Dashboard bevorzugen, Sie können die Größe und Position von Widgets ändern, um einen Startbildschirm zu erstellen, der am besten zu Ihnen passt.

- **Mix and Match:** Experimentieren Sie mit verschiedenen Kombinationen von Widgets.

Vielleicht sorgt ein Uhr-Widget in Kombination mit Ihrem Lieblings-Newsfeed und einer Foto-Diashow für die perfekte Balance zwischen Funktion und Persönlichkeit. Die Flexibilität ist grenzenlos, sodass sich Ihr Startbildschirm an Ihre Bedürfnisse anpassen kann.

Bei Individualisierung und Personalisierung geht es nicht nur um Ästhetik – es geht darum, eine Umgebung zu schaffen, die sich einzigartig anfühlt. Durch die Kombination von Themen, Hintergrundbildern und Widgets können Sie Ihr Galaxy S25 Ultra in eine persönliche digitale Oase verwandeln, die Ihren Stil widerspiegelt, Ihre Produktivität steigert und Sie jedes Mal inspiriert, wenn Sie Ihr Gerät entsperren.

DAS ALWAYS-ON-DISPLAY MEISTERN

Eines der herausragenden Merkmale des Galaxy S25 Ultra ist **Always-On-Display (AOD)**– eine einfache, aber leistungsstarke Möglichkeit, wichtige Informationen sichtbar zu halten, ohne Ihr Telefon vollständig aufzuwecken. Egal, ob Sie die Uhrzeit überprüfen, Ihre Benachrichtigungen auf einen Blick sehen oder mit benutzerdefinierten Grafiken eine persönliche Note verleihen möchten, der AOD bietet Ihnen eine Welt voller Optionen.

Was ist das Always-On-Display?

Das Always-On-Display ist eine Funktion, die bestimmte Teile Ihres Bildschirms auch dann aktiv hält, wenn Ihr Telefon gesperrt ist. Im Gegensatz zum herkömmlichen Sperrbildschirm verbraucht AOD für die Anzeige nur minimalen Strom **Uhrzeit, Datum, Batterieprozentsatz, Benachrichtigungen und sogar benutzerdefinierte Widgets oder Bilder**. Das bedeutet, dass Sie nicht nur auf Ihr Telefon tippen müssen, um die Uhrzeit zu überprüfen oder nachzusehen, ob Sie eine wichtige Nachricht verpasst haben.

SO AKTIVIEREN UND PASSEN SIE DAS ALWAYS-ON-DISPLAY AN

Samsung bietet Ihnen zahlreiche Möglichkeiten, den AOD an Ihren Stil anzupassen. So aktivieren und anpassen Sie es:

1. **Gehen Sie zu Einstellungen** → Auswählen **Sperrbildschirm und Always-On-Display**

2. **Tippen Sie auf Always-On-Display** um es einzuschalten

3. Wählen **wann Sie möchten, dass es angezeigt wird**:

   o **Zum Anzeigen antippen:** Das Display bleibt ausgeschaltet, bis Sie auf den Bildschirm tippen

   o **Immer anzeigen:** AOD bleibt immer eingeschaltet (verbraucht mehr Batterie)

   o **Im Zeitplan anzeigen:** Wird nur zu bestimmten Tageszeiten angezeigt

   o **Für neue Benachrichtigungen anzeigen:** Wird nur angezeigt, wenn Sie neue Nachrichten oder Benachrichtigungen haben

Nach der Aktivierung können Sie damit beginnen, das Erscheinungsbild Ihres AOD anzupassen.

ANPASSEN DER AOD-UHR, FARBEN UND STILE

Beim AOD geht es nicht nur um Funktionalität – es ist auch eine unterhaltsame Möglichkeit, sich auszudrücken. Samsung bietet zahlreiche Gestaltungsmöglichkeiten:

- **Uhrenstile:** Wählen Sie zwischen digitalem, analogem oder sogar einem verspielten individuellen Design

- **Farben:** Wählen Sie ein Farbschema, das zu Ihrer Stimmung passt

- **Widgets:** Fügen Sie Wetteraktualisierungen, Kalenderereignisse oder Musiksteuerungen hinzu

- **GIFs und benutzerdefinierte Bilder:** Machen Sie Ihren AOD mit einem animierten GIF oder Ihrem Lieblingsbild lebendiger

Um diese anzupassen:

1. **Gehen Sie zu Einstellungen → Sperrbildschirm und Always-On-Display**

2. Klopfen **Uhrstil** oder **AOD-Einstellungen**

3. Durchsuchen Sie die verfügbaren Optionen und wählen Sie aus, was Ihren Wünschen entspricht

AOD-WIDGETS: MEHR ALS NUR EINE UHR

Wussten Sie, dass Sie Ihrem Always-On-Display Widgets hinzufügen können? Diese Mini-Dienstprogramme ermöglichen Ihnen den Zugriff **Musiksteuerung, bevorstehende Kalenderereignisse und sogar Ihre tägliche Schrittzahl** ohne Ihr Telefon zu entsperren.

So aktivieren Sie AOD-Widgets:

1. **Gehen Sie zu Einstellungen → Sperrbildschirm und Always-On-Display**

2. Scrollen Sie nach unten und tippen Sie auf **Widgets**

3. Wählen Sie aus, welche Widgets Sie aktivieren möchten

Nach der Aktivierung können Sie zwischen ihnen wechseln, indem Sie zweimal auf den AOD-Bildschirm tippen.

Auswirkungen auf die Batterie: Entlädt AOD Ihre Batterie?

Eine häufige Sorge besteht darin, ob sich das Always-On-Display auf die Akkulaufzeit auswirkt. Die gute Nachricht ist das **Samsung hat AOD optimiert, um minimalen Strom zu verbrauchen**– vor allem beim Galaxy S25 Ultra

effizientes AMOLED-Display. Da nur einzelne Pixel aufleuchten, ist der Stromverbrauch deutlich geringer als beim Aufwecken des gesamten Bildschirms.

Zu **Minimieren Sie den Batterieverbrauch** und trotzdem AOD genießen:

- Verwenden **Zum Anzeigen antippen** statt „Immer anzeigen"

- Reduzieren Sie die Helligkeit oder wählen Sie eine **einfacheres Uhrendesign**

- Stellen Sie ein **Zeitplan** Daher schaltet sich AOD während der Schlafstunden aus

Das Always-On-Display ist mehr als nur eine passive Uhr — es ist eine Funktion, die **spart Ihnen Zeit, erhöht den Komfort und verleiht Ihrem Telefon eine persönliche Note**. Egal, ob Sie eine einfache Digitaluhr, ein animiertes GIF oder eine ganze Reihe von Widgets bevorzugen, das Galaxy S25 Ultra bietet Ihnen die Flexibilität, AOD für sich arbeiten zu lassen.

EDGE PANELS UND MULTITASKING

Ihr Galaxy S25 Ultra soll Sie nicht nur in Verbindung halten, sondern Ihnen auch die Möglichkeit geben, Ihr Erlebnis genau nach Ihren Wünschen zu gestalten. Zwei der aufregendsten Möglichkeiten hierfür sind Edge Panels und Multitasking-Funktionen.

Entdecken Sie Edge Panels

Edge Panels sind wie Ihr persönlicher Shortcut-Hub, auf den Sie durch einfaches Wischen von der Seite Ihres Bildschirms zugreifen können. Sie sind so konzipiert, dass Sie schnell auf Apps, Kontakte und Informationen zugreifen können, ohne Ihren Startbildschirm durchsuchen zu müssen.

- **Was sind Randplatten?** Mit Edge Panels können Sie eine vertikale Leiste mit Widgets und Verknüpfungen am Rand Ihres Bildschirms anzeigen. Ob Ihre Lieblings-Apps, Schnellkontakte oder Tools wie der Taschenrechner und der Kalender – alles, was Sie brauchen, ist nur einen Fingerwisch entfernt.

- **Anpassen Ihrer Randpaneele:** Sie können entscheiden, welche Panels in welcher Reihenfolge angezeigt werden. Navigieren Sie zu Ihren

Einstellungen und tippen Sie auf **Anzeige** oder **Randbildschirm**und wählen Sie die Panels aus, die am besten zu Ihrem Arbeitsablauf passen. Du kannst:

- o **Panels hinzufügen/entfernen:** Wählen Sie die Inhalte aus, die Ihnen am wichtigsten sind.

- o **Panels neu anordnen:** Ordnen Sie sie so an, dass Sie die Apps oder Verknüpfungen, die Sie am häufigsten verwenden, immer zur Hand haben.

- o **Inhalte personalisieren:** In einigen Bedienfeldern können Sie sogar benutzerdefinierte Verknüpfungen hinzufügen, sodass Ihre bevorzugten Kontakte, zuletzt verwendeten Dokumente oder häufig verwendeten Tools sofort zugänglich sind.

- **Warum sie wichtig sind:** Edge Panels helfen Ihnen, organisiert und effizient zu bleiben. Sie reduzieren die Zeitverschwendung bei der Suche nach Apps und Informationen und sorgen für ein intuitiveres, optimiertes Benutzererlebnis. Stellen Sie sich vor, Sie könnten Ihren Musikplayer starten, Ihren

Zeitplan überprüfen oder schnell einen Freund anrufen – alles mit einer schnellen Bewegung.

MULTITASKING MEISTERN

Beim Multitasking auf dem Galaxy S25 Ultra geht es nicht nur darum, zwei Apps gleichzeitig auszuführen – es geht darum, einen dynamischen Arbeitsbereich zu schaffen, der sich an Ihre Bedürfnisse anpasst. Mit den erweiterten Multi-Window-Funktionen können Sie Ihre Produktivität steigern und ein flüssigeres Benutzererlebnis genießen.

- **Mehrfenstermodus:** Mit dieser Funktion können Sie zwei Apps nebeneinander ausführen. Egal, ob Sie im Internet surfen, während Sie sich Notizen machen, ein Video während eines Videoanrufs ansehen oder Ihren Kalender im Auge behalten, während Sie auf E-Mails antworten – der Multi-Window-Modus sorgt dafür, dass Sie mehr auf einmal erledigen können.

  o **So aktivieren Sie:** Öffnen Sie die Ansicht „Letzte Apps" und tippen Sie auf das Multi-Window-Symbol der App, die Sie verwenden möchten. Wählen Sie dann eine andere App aus, um sie in einem Split-Screen-Layout zu verbinden.

  o **Anpassen des Layouts:** Sie können die Trennlinie ziehen, um einer App mehr Platz auf dem Bildschirm zu geben. Es geht darum, die richtige Balance für Ihre Aufgabe zu finden.

- **Popup-Ansicht und schwebende Fenster:** Für die Momente, in denen Sie schnellen Zugriff benötigen, ohne Ihre aktuelle App zu verlassen, ist die Pop-Up-Ansicht ein echter Game-Changer. Mit dieser Funktion können Sie eine App in einem kleineren Fenster öffnen, das über Ihrem Bildschirm schwebt.

    o **Anpassen der Popup-Ansicht:** Ändern Sie die Größe dieser Fenster oder verschieben Sie sie nach Bedarf, damit sie Ihren Arbeitsablauf nicht stören. Es eignet sich perfekt zum Überprüfen von Nachrichten, Anzeigen von Wegbeschreibungen oder sogar zum Überwachen sozialer Medien, während Sie an etwas anderem arbeiten.

- **Vorteile von verbessertem Multitasking:** Mit Multitasking verwandeln Sie Ihr Galaxy S25 Ultra in eine tragbare Workstation. Es ermöglicht:

    o **Effizienter Workflow:** Wechseln Sie nahtlos zwischen Aufgaben, ohne den Kontext zu verlieren.

- ○ **Höhere Produktivität:** Verwalten Sie mehrere Aufgaben gleichzeitig, sparen Sie Zeit und reduzieren Sie die Notwendigkeit, ständig zwischen Apps zu wechseln.

- ○ **Eine personalisierte Erfahrung:** Ordnen Sie Ihre Apps und Fenster so an, dass sie Ihrem Arbeitsstil entsprechen, sei es für Produktivität, Unterhaltung oder kreative Projekte.

ALLES ZUSAMMENBRINGEN

Beim Anpassen Ihres Galaxy S25 Ultra durch Edge Panels und Multitasking-Funktionen geht es nicht nur um mehr Funktionalität – es geht darum, einen digitalen Raum zu schaffen, der sich einzigartig anfühlt. Mit Edge Panels können Sie den Zugriff auf die Apps und Informationen optimieren, auf die Sie täglich angewiesen sind, und mit Multitasking können Sie mehrere Projekte gleichzeitig bearbeiten, ohne einen Takt zu verpassen.

- • **Experimentieren und weiterentwickeln:** Das Schöne an diesen Funktionen ist ihre Flexibilität. Nehmen Sie sich etwas Zeit, um mit verschiedenen Panel-Setups und Mehrfensteranordnungen zu experimentieren. Wenn sich Ihr Tagesablauf weiterentwickelt, ändern sich auch Ihre Einstellungen.

- **Bleiben Sie organisiert und effizient:** Indem Sie Ihr Gerät so einrichten, dass es Ihren persönlichen Arbeitsablauf widerspiegelt, sparen Sie Zeit und reduzieren Stress, sodass Sie sich auf das konzentrieren können, was am wichtigsten ist – sei es Arbeit, Kreativität oder Freizeit.

- **Ihr personalisierter digitaler Hub:** Denken Sie daran, Ihr Smartphone ist mehr als nur ein Werkzeug – es ist ein Spiegelbild Ihrer selbst. Nutzen Sie Edge Panels und Multitasking, um Ihr Galaxy S25 Ultra zu einer Erweiterung Ihrer Persönlichkeit und einem Katalysator für Ihren täglichen Erfolg zu machen.

Das Galaxy S25 Ultra ist so konzipiert, dass es sich Ihrem Leben anpasst, nicht umgekehrt. Indem Sie die Leistung von Edge Panels und Multitasking nutzen, verbessern Sie nicht nur die Funktionalität Ihres Geräts, sondern machen es auch zu Ihrem ganz eigenen Gerät. Genießen Sie den Prozess der Personalisierung und beobachten Sie, wie sich Ihr Smartphone in eine personalisierte Kommandozentrale verwandelt, die perfekt auf Ihren Lebensstil abgestimmt ist.

Viel Spaß beim Anpassen und Multitasking!

KAPITEL NEUN

BATTERIEMANAGEMENT UND LEISTUNGSOPTIMIERUNG

Ihr Galaxy S25 Ultra ist ein technisches Wunderwerk, aber um die optimale Leistung zu gewährleisten, reicht ein wenig Pflege aus. In diesem Kapitel geht es darum, kluge Entscheidungen zu treffen, um die Akkulaufzeit zu verlängern, die Leistung Ihres Geräts zu optimieren und sicherzustellen, dass Ihr Smartphone jeden anstrengenden Tag leistungsfähig bleibt. Werfen wir einen Blick auf einige praktische Tipps zu den besten Ladepraktiken, zur optimalen Nutzung der Batteriesparmodi und zur Kontrolle Ihres Arbeitsspeichers und Speichers.

Beste Ladepraktiken

Ein gut gepflegter Akku sorgt für eine länger anhaltende Leistung und weniger Ärger im Laufe der Zeit. Hier sind einige nützliche Tipps, die Ihnen helfen, das Beste aus dem Akku Ihres Galaxy S25 Ultra herauszuholen:

- **Bleiben Sie beim richtigen Ladegerät:** Verwenden Sie immer das offizielle Samsung-Ladegerät oder ein hochwertiges USB-C-Ladegerät, das den richtigen

Spezifikationen entspricht. Dadurch wird sichergestellt, dass Ihr Gerät sicher und effizient aufgeladen wird.

- **Achten Sie auf die Temperatur:** Extreme Hitze oder Kälte können Ihrem Akku schaden. Vermeiden Sie es, Ihr Telefon in direktem Sonnenlicht oder bei Frost aufzuladen. Wenn Sie Ihr Gerät auf einer moderaten Temperatur halten, bleibt der Akku gesund.

- **Intelligente Ladegewohnheiten:** Versuchen Sie, den Akku die meiste Zeit zwischen 20 % und 80 % zu halten. Obwohl es in Ordnung ist, den Akku bei Bedarf auf 100 % aufzuladen, kann die tägliche Ausführung dazu führen, dass sich der Akku allmählich entlädt. Mit der Einstellung „Akkuschutz" von Samsung können Sie den Ladevorgang sogar auf etwa 85 % begrenzen, was sich positiv auf die langfristige Gesundheit auswirkt.

- **Vermeiden Sie ständiges Aufladen über Nacht:** Während moderne Smartphones über Sicherheitsfunktionen verfügen, kann es manchmal zu einer Erhaltungsladung und zusätzlicher Hitze kommen, wenn Sie Ihr Telefon die ganze Nacht angeschlossen lassen. Versuchen Sie nach Möglichkeit, das Gerät vom Stromnetz zu trennen, sobald es vollständig aufgeladen ist, oder nutzen Sie Funktionen wie den adaptiven Akku, der das Aufladen über Nacht intelligent verwaltet.

BATTERIESPARMODI

Es gibt Zeiten, in denen Sie jede Menge Energie benötigen, die Sie bekommen können – sei es auf Reisen, in einer Besprechung oder einfach, um die Akkulaufzeit über einen langen Tag hinaus zu verlängern. Ihr Galaxy S25 Ultra verfügt über integrierte Energiesparoptionen, die einen echten Unterschied machen können:

- **Standard-Energiesparmodus:** Aktivieren Sie diesen Modus, um die Hintergrundaktivität zu reduzieren, die Bildschirmhelligkeit zu verringern und die Leistung leicht einzuschränken. Es ist perfekt für die Tage, an denen Sie wissen, dass Sie für eine Weile nicht in der Nähe eines Ladegeräts sein werden.

- **Ultra-Energiesparmodus:** Wenn Ihr Akku einen kritischen Wert erreicht, wird dieser Modus aktiviert, um die Funktionsfähigkeit des Wesentlichen aufrechtzuerhalten. Es beschränkt Ihr Gerät auf Kernfunktionen – wie Anrufe, Textnachrichten und einfaches Surfen – und schaltet Ihre Anzeige auf Graustufen um, um den Stromverbrauch zu minimieren.

- **Adaptive Batterie:** Diese intelligente Funktion lernt im Laufe der Zeit Ihre Gewohnheiten und priorisiert den Akkuverbrauch für die Apps, die Sie am häufigsten verwenden. Außerdem wird der Stromverbrauch auf Apps beschränkt, die im Hintergrund laufen, aber nicht oft verwendet werden. So können Sie Energie sparen, ohne darüber nachdenken zu müssen.

- **Hintergrund-Apps verwalten:** In den Einstellungen für Akku und Gerätepflege können Sie außerdem ungenutzte Apps einschränken oder in den Ruhezustand versetzen. Dies verhindert, dass sie Ihren Akku entladen, wenn sie nicht aktiv verwendet werden, und stellt sicher, dass nur die Apps, die Sie benötigen, Strom verbrauchen.

RAM- UND SPEICHEROPTIMIERUNG

So wie ein gut organisierter Schreibtisch Ihnen hilft, effizienter zu arbeiten, sorgt die Optimierung Ihres Arbeitsspeichers und Speichers dafür, dass Ihr Galaxy S25 Ultra schneller und reibungsloser läuft. Hier sind einige Tipps, um die Spitzenleistung aufrechtzuerhalten:

- **RAM Plus – Steigern Sie Ihre Multitasking-Leistung:** Das Galaxy S25 Ultra verfügt über ein praktisches Tool namens RAM Plus, das einen Teil Ihres Speichers als virtuellen RAM nutzt. Dieser zusätzliche Speicher trägt dazu bei, dass Ihre Apps reibungslos laufen, insbesondere wenn Sie mehrere Aufgaben gleichzeitig erledigen müssen. Sie können die Zuordnung in Ihren Einstellungen anpassen und so an Ihre Nutzungsgewohnheiten anpassen.

- **Zwischengespeicherte Daten löschen:** Mit der Zeit sammeln Apps temporäre Dateien an, die Ihr Gerät verlangsamen können. Durch regelmäßiges Leeren des Caches – entweder manuell über die einzelnen App-Einstellungen oder über den Abschnitt „Gerätepflege" – können Sie Speicher freigeben und die Geschwindigkeit steigern.

- **Speicherwartung:** Ein voller Speicher kann wie ein überfüllter Arbeitsplatz sein. Verwenden Sie den Storage Analyzer in Device Care, um große oder ungenutzte Dateien und Apps zu identifizieren. Das Sichern von Fotos und Videos in der Samsung Cloud oder OneDrive ist eine großartige Möglichkeit, Speicherplatz freizugeben und gleichzeitig Ihre Erinnerungen zu schützen.

- **App-Schlaf- und Tiefschlafmodi:** Einige Apps laufen im Hintergrund weiter, auch wenn sie nicht benötigt werden. Indem Sie diese Apps in den Ruhemodus versetzen, können Sie verhindern, dass sie unnötig RAM und Akkulaufzeit verbrauchen. Dies ist besonders nützlich für Apps, die Sie selten verwenden, aber nicht deinstallieren möchten.

Bei der Verwaltung Ihres Akkus und der Optimierung der Leistung Ihres Galaxy S25 Ultra geht es nicht nur darum, die Einstellungen zu optimieren – es geht darum, eine ausgewogene Routine zu erstellen, die dafür sorgt, dass Ihr Gerät wie neu läuft. Indem Sie intelligentes Laden üben, bei Bedarf Batteriesparmodi nutzen und Ihren Arbeitsspeicher und Speicher organisiert halten, werden Sie jeden Tag ein reibungsloseres und zuverlässigeres Smartphone-Erlebnis genießen.

Denken Sie daran: Mit ein wenig Sorgfalt können Sie viel bewirken. Mit diesen Tipps sind Sie auf dem besten Weg, die Leistung und Langlebigkeit Ihres Galaxy S25 Ultra zu maximieren – so können Sie sich auf das Wesentliche konzentrieren, ohne sich Sorgen machen zu müssen, dass Ihr Gerät Sie ausbremst.

Viel Spaß beim Optimieren!

KAPITEL ZEHN

HÄUFIGE PROBLEME UND LÖSUNGEN

Egal wie fortschrittlich ein Smartphone ist, gelegentliche Probleme sind unvermeidlich. Glücklicherweise verfügt Ihr Galaxy S25 Ultra über integrierte Tools und Lösungen, mit denen Sie die meisten Probleme schnell lösen können. Dieses Kapitel führt Sie durch die Behebung einiger der häufigsten Probleme, darunter WLAN- und Bluetooth-Verbindungsprobleme, App-Abstürze und wann Sie den Werksreset- oder Wiederherstellungsmodus verwenden sollten.

PROBLEME MIT DER WLAN- UND BLUETOOTH-VERBINDUNG

Problem: Ihr WLAN stellt keine Verbindung her, bricht ständig ab oder ist extrem langsam. Oder vielleicht lässt sich Bluetooth nicht mit einem Gerät koppeln, die Verbindung wird unerwartet getrennt oder funktioniert nicht wie erwartet.

Schnelle Lösungen für WLAN-Probleme

- **WLAN aus- und einschalten:** Die einfachste Lösung ist oft die effektivste. Wischen Sie vom oberen Bildschirmrand nach unten, schalten Sie WLAN aus, warten Sie ein paar Sekunden und schalten Sie es wieder ein.

- **Starten Sie Ihren Router und Ihr Telefon neu:** Wenn Ihre WLAN-Verbindung weiterhin instabil ist, starten Sie Ihren Router und Ihr Modem neu. Starten Sie anschließend Ihr Galaxy S25 Ultra neu und versuchen Sie erneut, eine Verbindung herzustellen.

- **Vergessen Sie es und verbinden Sie es erneut mit dem WLAN:** Wenn ein bestimmtes Netzwerk keine Verbindung herstellt, gehen Sie zu *Einstellungen > Verbindungen > WLAN*, tippen Sie auf das Netzwerk und wählen Sie es aus *Vergessen*, und stellen Sie die Verbindung wieder her, indem Sie das Passwort eingeben.

- **Wechseln Sie zwischen 2,4-GHz- und 5-GHz-Band:** Einige Router bieten beide Frequenzbänder an. Wenn Verbindungsprobleme auftreten, kann der Wechsel zu einem anderen Band hilfreich sein.

- **Suchen Sie nach Software-Updates:** Samsung veröffentlicht regelmäßig Updates, die die WLAN-Leistung verbessern. Suchen Sie nach Updates, indem Sie auf gehen *Einstellungen > Software-Update > Herunterladen und installieren.*

Schnelle Lösungen für Bluetooth-Probleme

- **Bluetooth aus- und einschalten:** Genau wie bei Wi-Fi, manchmal einfach Bluetooth aus- und wieder einschalten (*Einstellungen > Verbindungen > Bluetooth*) kann das Problem lösen.

- **Vergessen Sie das Gerät und koppeln Sie es erneut:** Wenn ein Bluetooth-Gerät keine Verbindung herstellt, gehen Sie zu *Einstellungen > Bluetooth,* suchen Sie das Gerät, tippen Sie auf das Einstellungssymbol und wählen Sie es aus *Vergessen,* und koppeln Sie es dann erneut.

- **Überprüfen Sie die Gerätekompatibilität:** Nicht alle Bluetooth-Geräte funktionieren mit jedem Telefon. Stellen Sie sicher, dass Ihr Zubehör mit dem Galaxy S25 Ultra kompatibel ist.

- **Netzwerkeinstellungen zurücksetzen:** Wenn alles andere fehlschlägt, setzen Sie Ihre Netzwerkeinstellungen zurück (*Einstellungen > Allgemeine Verwaltung > Zurücksetzen >*

Netzwerkeinstellungen   zurücksetzen)   kann anhaltende Probleme lösen.

APP-ABSTÜRZE UND EINFRIERUNGEN WERDEN BEHOBEN

Problem: Eine App friert ständig ein, stürzt ab oder verzögert sich, was die Verwendung frustrierend macht.

Schnelle Lösungen für App-Probleme

- **Stoppen der App erzwingen:** Wenn eine App nicht mehr reagiert, gehen Sie zu *Einstellungen > Apps*, suchen Sie die App und tippen Sie auf *Stopp erzwingen*. Öffnen Sie es dann erneut und prüfen Sie, ob das Problem weiterhin besteht.

- **App-Cache und Daten löschen:**

  o Gehe zu *Einstellungen > Apps > [App-Name]*.

  o Klopfen *Lagerung*.

  o Wählen *Cache leeren* (Dadurch werden temporäre Dateien entfernt).

  o Wenn das Problem weiterhin besteht, tippen Sie auf *Daten löschen* (Dadurch wird die App zurückgesetzt, gespeicherte Einstellungen oder Anmeldeinformationen werden jedoch möglicherweise gelöscht.)

- **Suchen Sie nach App-Updates:** Entwickler veröffentlichen häufig Updates, um Fehler zu beheben. Öffnen Sie den Google Play Store, suchen Sie nach der App und aktualisieren Sie sie, falls verfügbar.

- **Starten Sie Ihr Telefon neu:** Ein einfacher Neustart kann kleinere Softwarefehler beheben. Halten Sie die Ein-/Aus-Taste gedrückt und tippen Sie dann auf *Neustart*.

- **Deinstallieren Sie die App und installieren Sie sie erneut:** Wenn das Problem weiterhin besteht, deinstallieren Sie die App und installieren Sie sie erneut aus dem Google Play Store.

WERKSRESET UND WIEDERHERSTELLUNGSMODUS

Wenn bei Ihrem Galaxy S25 Ultra anhaltende Probleme auftreten, die durch andere Fehlerbehebungsschritte nicht behoben werden konnten, a **Werksreset** oder **Wiederherstellungsmodus** kann Ihr letzter Ausweg sein.

Zurücksetzen auf die Werkseinstellungen (Wann und wie man es verwendet)

Beim Zurücksetzen auf die Werkseinstellungen werden alle Daten auf Ihrem Gerät gelöscht und der ursprüngliche Zustand wiederhergestellt. Dies ist nützlich, wenn:

- Ihr Telefon läuft trotz mehrerer Fehlerbehebungen extrem langsam oder fehlerhaft.

- Es treten nicht behebbare Softwarefehler auf.

- Sie planen, Ihr Gerät zu verkaufen oder zu verschenken und möchten alle persönlichen Daten löschen.

So setzen Sie die Werkseinstellungen zurück:

1. Gehe zu *Einstellungen > Allgemeine Verwaltung > Zurücksetzen > Zurücksetzen auf Werkseinstellungen*.

2. Überprüfen Sie die Informationen und tippen Sie auf *Zurücksetzen*.

3. Geben Sie Ihre PIN oder Ihr Passwort ein, wenn Sie dazu aufgefordert werden.

4. Bestätigen Sie durch Auswählen *Alle löschen*.

Tipp: Sichern Sie immer Ihre Daten, bevor Sie einen Werksreset durchführen! Sie können Samsung Cloud oder Google Drive verwenden, um Ihre Kontakte, Fotos und Apps zu speichern.

WIEDERHERSTELLUNGSMODUS (ZUR ERWEITERTEN FEHLERBEHEBUNG)

Wenn sich Ihr Galaxy S25 Ultra nicht einschalten lässt oder beim Samsung-Logo hängen bleibt, **Wiederherstellungsmodus** kann helfen, das Problem zu beheben.

So gelangen Sie in den Wiederherstellungsmodus:

1. Schalten Sie Ihr Gerät vollständig aus.

2. Halten Sie die Taste gedrückt **Lautstärke erhöhen** Und **Leistung** Tasten gleichzeitig, bis das Samsung-Logo erscheint.

3. Benutzen Sie die **Lautstärketasten** zu navigieren und die **Power-Taste** um eine Option auszuwählen.

4. Wählen **Cache-Partition löschen** (Hierdurch werden temporäre Dateien entfernt, ohne dass persönliche Daten gelöscht werden).

5. Wenn die Probleme weiterhin bestehen, müssen Sie möglicherweise eine Auswahl treffen **Zurücksetzen auf Werkseinstellungen/Daten löschen** als letztes.

Die Fehlerbehebung muss nicht stressig sein. Wenn Sie diese einfachen Lösungen befolgen, können Sie die häufigsten Probleme schnell lösen und wieder Freude an Ihrem Galaxy S25 Ultra haben. Ganz gleich, ob es sich um eine hartnäckige WLAN-Verbindung, eine nicht reagierende App oder ein schwerwiegendes Softwareproblem handelt, das einen Reset erfordert, jetzt verfügen Sie über die Tools, die dafür sorgen, dass Ihr Gerät reibungslos funktioniert.

Denken Sie daran: Technologie sollte für Sie arbeiten, nicht gegen Sie!

ABSCHLUSS

Zum Abschluss dieses Leitfadens ist es an der Zeit, über die Reise nachzudenken, die Sie mit Ihrem Galaxy S25 Ultra unternommen haben. Von der Einrichtung Ihres Geräts über die Erkundung seiner erweiterten Funktionen bis hin zur Behebung häufiger Probleme und der Personalisierung aller Aspekte sind Sie jetzt bestens gerüstet, um Ihr Smartphone wie ein Profi zu bedienen. Hier sind einige abschließende Tipps und Gedanken, die Sie voranbringen sollen.

Letzte Tipps und Tricks

- **Experimentieren Sie furchtlos:** Scheuen Sie sich nicht, neue Funktionen und Einstellungen auszuprobieren. Das Galaxy S25 Ultra ist so konzipiert, dass es sich Ihrem individuellen Stil anpasst – egal, ob Sie Ihren Startbildschirm anpassen, den Profi-Videomodus erkunden oder den S Pen beherrschen. Jede Optimierung ist ein Schritt hin zu einem persönlicheren und effizienteren Erlebnis.

- **Halten Sie es einfach:** Manchmal funktionieren die einfachsten Lösungen am besten. Ein schneller Neustart, das Löschen des Caches oder das

Umschalten einer Einstellung können viele häufige Probleme lösen. Vertrauen Sie auf diese grundlegenden Schritte zur Fehlerbehebung – sie sind Ihre erste Verteidigungslinie gegen technische Probleme.

- **Dokumentieren Sie Ihre Favoriten:** Erstellen Sie eine Kurzanleitung für die Einstellungen und Tricks, die Sie am nützlichsten finden. Mit der Zeit erstellen Sie einen persönlichen „Spickzettel", der Ihnen die tägliche Nutzung noch reibungsloser macht.

Samsung-Support und Ressourcen

Denken Sie daran, dass Sie auf Ihrer technischen Reise nicht allein sind. Samsung bietet eine Fülle von Ressourcen, die Sie dabei unterstützen:

- **Offizieller Samsung-Support:** Besuchen Sie die Samsung-Support-Website für häufig gestellte Fragen, Anleitungen zur Fehlerbehebung und Schritt-für-Schritt-Anleitungen. Ganz gleich, ob Sie eine kleine Panne haben oder detaillierte Hilfe benötigen, die Hilfe von Experten ist nur einen Klick entfernt.

- **Benutzergemeinschaften:** Tauschen Sie sich über Online-Foren, Social-Media-Gruppen und lokale Tech-Meetups mit anderen Galaxy-Benutzern aus. Wenn Sie Ihre Erfahrungen teilen und von anderen lernen, können Sie neue Erkenntnisse und innovative Möglichkeiten für die Nutzung Ihres Geräts gewinnen.

- **Einzelhandels- und Servicezentren:** Sollten Sie jemals auf ein Problem stoßen, das Sie nicht selbst lösen können, stehen Ihnen die autorisierten Servicezentren und Einzelhandelsstandorte von Samsung für persönlichen Support zur Verfügung. Zögern Sie nicht, sich an uns zu wenden, wenn Sie zusätzliche Hilfe benötigen.

Bleiben Sie mit Software-Updates auf dem Laufenden

Software-Updates sind mehr als nur routinemäßige Wartung – sie bieten Möglichkeiten, die Leistung und Sicherheit Ihres Geräts zu verbessern:

- **Regelmäßige Kontrollen:** Machen Sie es sich zur Gewohnheit, nach Updates zu suchen *Einstellungen > Software-Update*. Updates bringen oft neue Funktionen, verbesserte Leistung und wichtige

Sicherheitspatches mit sich, die dafür sorgen, dass Ihr Gerät reibungslos funktioniert.

- **Automatische Updates:** Erwägen Sie die Aktivierung automatischer Updates, um sicherzustellen, dass Sie nie die neuesten Verbesserungen verpassen. Auf diese Weise bleibt Ihr Galaxy S25 Ultra mit den neuesten Innovationen von Samsung auf dem Laufenden.

- **Lesen Sie die Versionshinweise:** Wenn ein Update verfügbar ist, nehmen Sie sich einen Moment Zeit, um die Versionshinweise zu lesen. Wenn Sie wissen, welche Änderungen vorgenommen wurden, können Sie die Verbesserungen besser einschätzen und Ihre Nutzung entsprechend anpassen.

Ihr Galaxy S25 Ultra ist mehr als nur ein Gerät – es ist ein leistungsstarkes Werkzeug, das sich Ihrem Lebensstil anpasst, Ihre Kreativität anregt und Sie mit der Welt in Verbindung hält. Denken Sie beim weiteren Erkunden der Funktionen und der Feinabstimmung Ihrer Einstellungen daran, dass die Reise zur Beherrschung der Technologie noch weitergeht. Jedes Update, jeder neue Tipp und jedes geteilte Erlebnis hilft Ihnen, mehr aus Ihrem Smartphone herauszuholen.

Vielen Dank, dass Sie sich die Zeit genommen haben, in diesen Leitfaden einzutauchen. Ich hoffe, es hat Ihnen die Möglichkeit gegeben, Ihr Galaxy S25 Ultra sicher und einfach zu verwenden. Nutzen Sie die Möglichkeiten, lernen Sie weiter und genießen Sie jeden Moment mit Ihrem wirklich personalisierten digitalen Begleiter.

Viel Spaß beim Entdecken!